YANN QUEFFÉLEC

LA PIANO DE MA MÈRE

récit

ARCHIPOCHE

www.archipoche.com

Si vous souhaitez recevoir notre catalogue et être tenu au courant de nos publications, envoyez vos nom et adresse, en citant ce livre, aux éditions Archipoche,
34, rue des Bourdonnais 75001 Paris.
Et, pour le Canada, à
Édipresse Inc., 945, avenue Beaumont,
Montréal, Québec, H3N 1W3.

ISBN 978-2-35287-215-3

À Servane

Quand nous en irons-nous où vous êtes, colombes !
Où sont les enfants morts et les printemps enfuis,
Et tous les chers amours dont nous sommes les tombes,
Et toutes les clartés dont nous sommes les nuits ?

Victor Hugo, « Claire »

1

Maintenant si je vous dis qu'il est noir, ce piano, vous aurez un doute. Les mariées sont en blanc, les pianos sont en noir, les vaches bien gardées, les dieux ivres de puissance, chacun son métier, sa vérité : la mienne est pour beaucoup le fruit d'une enfance inachevée dont la suite et fin, pourquoi pas, auront leur chance ailleurs, dans une autre histoire. Il n'est pas noir, il n'a pas de chandeliers pivotants style oribus, ni d'appendice caudal façon concert, il n'a rien que le désir tout familial d'adoucir les mœurs quand ma mère, ma sœur, mon frère aîné, quand mon père en jouent. Et moi ? Moi, j'y reviendrai longuement. C'est un Pleyel, un vrai Pleyel doté d'un cadre en métal anodisé brun miel, où les syllabes entrelacées de l'orgueilleux nom sont coulées sur le haut. On l'ouvre : *Pleyel*, on respire au passage une substantielle odeur d'abricot tapé. Je soupçonne le piano d'aimer les fruits, avec un faible pour les oreillons tapés.

Maintenant je vous propose un instant sacrilège. On tourne cette clé, on y va. On entre dans la chambre de mes parents qui n'est pas moins celle du piano. Ces affaires, là, sur la chaise et par terre, appartiennent à mon père. Il est comme ça. À gauche, le grand lit rouge et mon père faisant la sieste, la ruelle, la bibliothèque interdite, l'armoire à linge, la lampe égyptienne au bout d'une chaînette, le radiateur qui supporte un trois-mâts d'usine à voilure de Celluloïd fendant une mer de pâte à sel. À droite, une peinture chinoise, le guéridon en bois des îles et par-dessus le nécessaire à couture, enfin le tabouret à vis et le piano. On ne dirait pas, mais c'est moi, le gamin sur le tabouret, et je ne vais pas tarder à détraquer le système à vis.

— Allez, mon chéri... Et tiens-toi droit.

Do mi mi... Do mi mi... Ré mi fa sol.

Si vous avez un clavier sous la main, n'hésitez pas à vérifier. Il s'agit de la page initiatique de la *Méthode rose*, intitulée « Je commence ». *Je* commence. *Je* recommence à commencer. *Je* ne recommence plus. *Je* me résigne à la perpétuité des commencements.

J'ai oublié de vous présenter ma mère, désolé. Voilà, c'est chose faite. Elle est très belle, en effet. On est beau soi-même quand elle sourit. Encore plus beau quand elle rit, du côté des dieux. Son rire embellit l'être humain sur son passage et, si j'avais à dessiner son âme, c'est son rire que je dessinerais au centre d'une feuille blanche.

Nous sommes assis côte à côte, elle sur un tabouret de cuisine. Elle me dit :

— Si tu es patient, tu y arriveras. Vingt minutes chaque soir et tu y arriveras. Je t'en fais la promesse solennelle.

Ma mère aime bien la solennité pour ces riens qui font l'ordinaire de la vie. Le grand rien, l'avenir au bout des années, elle n'en parle pas.

— Et quand est-ce que je pourrai jouer comme toi?

— Je ne joue pas très bien. C'était le chant, ma spécialité.

— Tu joues quand même mieux qu'Alfred Cortot.

Ça ne vous dit rien, ou ça vous dit quelque chose, ou ça vous dit beaucoup, ce nom d'Alfred Cortot. La postérité n'est guère aimable envers les interprètes qui se souviennent, eux, de la vive époque où ils se prenaient pour des mythes incarnés, si vénérés en société qu'ils ne pouvaient faire un pas sans qu'on leur baisât la main, sans qu'une jolie femme eût envie d'effleurer leur peau sacrée, cette peau où respiraient secrètement les âmes entremêlées de tous les compositeurs disparus, la plupart morts dans l'oubli. Ce nom d'*interprète* étant bien faiblard, affiché par le plus humble lauréat d'un conservatoire de province, on les appelait *maestros*. Il y avait Yves Nat, Samson François, Yvonne Lefébure, Vlado Perlemuter, Jeannine Bonjean. Sous l'Occupation, il y avait Cortot. Le fondateur de l'École normale de musique où ma mère avait été son élève un moment. Où ma mère avait éprouvé de l'émotion lors d'un récital. Ses mains avaient joué près des mains du maestro qui, disait-elle en tremblant, paupières baissées, faisait des fausses notes. Aussi terrible pour un maestro que les barbarismes d'un professeur d'université.

Regardez ma mère à l'instant sur ce tabouret bleu ciel que nous avons peint elle et moi, je ne sais plus quand, un dimanche après-midi. Elle n'a pas ôté son tablier pour se mettre au piano. Elle est constamment absorbée par les tâches domestiques. Et cependant qu'elle me donne une leçon, tient mes mains, place mes doigts sur les touches, quelque soufflé au fromage est en train d'enfler au four, enroulant un précieux arôme autour de la *Méthode rose* et de mon estomac.

— Joue-moi la *Marche turque*...

Elle joue par-dessus mes mains. Je deviens bon, je m'en vais, j'ignore où, j'ai l'impression que la plus jolie des filles m'enveloppe tout entier de son regard unique au monde et de son odeur de muguet. Que peut-il arriver de plus enivrant aux sens naissants d'un enfant que cette musique d'enfant jouée par une mère inquiète à l'idée que le soufflé vienne à brûler?

Elle me joue la *Lettre à Élise.*

Le Gai Laboureur.

Une *Rhapsodie* de Liszt.

La *Berceuse* de Balbastre imaginée pour Marie-Antoinette.

Un air de Moussorgski dont finalement l'auteur importe peu car il va devoir me céder la place, ma mère ayant écrit une chanson pour moi sur quelques notes à vous briser le cœur.

Ma chanson. Ne me demandez pas de vous la chanter. C'est maman qui la chantait au piano, derrière une porte fermée à clé, toute vibrante des rires étouffés de mes frère et sœur.

La page a tous les pouvoirs, mais non celui d'attirer sensiblement l'écho des voix chères ni celui des chansonnettes envolées, pour dire « il était une fois un enfant au bord de l'océan ». Sa mère lui chantait « au pas carabi », « Malbrough caraba », « on y va carabi », on rentre à la maison manger du crabe, une époque où les juillets naissaient d'une éternité spontanée qui dorait d'azur les lentes soirées bretonnes jusqu'aux premières étoiles de minuit par-delà les îles du chenal de la Helle, au bruit mat des boules de croquet dont les plus énervées partaient sur la grève au risque d'assommer les rôdeurs – à marée basse on les retrouvait à la pile Wonder, à marée montante elles déguerpissaient au large se cogner aux bouées sifflantes, et mon oncle annonçait qu'il ne jouerait plus au croquet, plus jamais. Il y a toujours un mauvais joueur dans une famille. Dis-moi comment tu joues au croquet, je te dirai à quelle sauce tu mangeras tes nièces et neveux à l'heure onctueuse des lots pastillés, prêts aux enchères des salles des ventes.

Un soir, j'ai la main droite sur mon éternel *do mi mi*. J'en ai marre de quelque chose, je perds la vue.

— Maman, pourquoi papa ne m'aime pas?

Ma mère est scandalisée par la violence de ces mots. Je plaisante : elle répond à ma question comme si depuis belle lurette elle s'y attendait ; comme si ma naissance induisait un doute que j'aurais mis neuf ans à formuler.

— Tu penses qu'il ne t'aime pas?

— Il dit que je me suis trompé de famille.

— Ton père a perdu son père à la guerre en 1916.

— Je ne vois pas le rapport, on est en 1958.

Ma mère prend mes mains dans ses mains. On est en sécurité entre ses mains. On n'a plus besoin d'être aimé par son père. On s'endormirait profondément pour un peu. Et le temps durerait ce qu'il durerait.

— Il est sévère avec ses fils, mais il vous aime.

— C'est avec moi qu'il est sévère, pas avec Hervé. Il l'emmène en vacances avec lui, il voyage en première classe avec lui dans les trains, il lui paie le wagon-restaurant, les sodas, il lui achète des pots de miel autant qu'il veut, des romans de Victor Hugo des éditions Desclée de Brouwer. C'est à lui qu'il donne les dents de requin d'avant Jésus-Christ ramassées à Compiègne.

— N'oublie pas qu'Hervé a treize ans, il est de loin ton frère aîné. Tu auras ça plus tard toi aussi.

— Il lui fait boire du saint-émilion deux fois par jour.

— Heureusement que ton frère n'aime pas le vin !

Je me remets à jouer, je m'interromps.

— Ça veut dire quoi, se tromper de famille ?

Ça veut dire qu'il empoisonne mon sang, mes doigts de pianiste honteux, avec cette petite phrase qui ne va plus cesser de me coller à la peau. Se tromper de famille... À vingt ans, je perds ma mère, je *commence* à souffrir, me manque immensément la tribu familiale où mon grand-père à grand nez – Kapé –, les jours de liesse, régnait à perte de vue sur ses descendants. J'apprends que *maman* est un mot qui veut dorénavant m'écorcher la bouche et je crois m'en débarrasser au fond d'une oubliette. Au revoir maman, à plus tard... Tu conservais la chevelure de ton premier fils dans une boîte de calissons. Où est-elle passée ? Où est passé ton nom, le plus précieux qui ait échauffé mes lèvres d'enfant ? Et toi, maman ?

Je me suis trompé de famille et je n'en doute plus quand le regard de mon père – un tour complet d'horizon à lui seul – croise le mien. Je cherche ailleurs une famille, là où *maman* n'est pas un mot qui vous dessèche le gosier. Là où *maman* est un mot-fontaine. Là où *maman* est un mot-soif qui se laisse étancher à la régalade, autant de fois qu'il est besoin. Un mot-piano qui commence et recommence l'histoire de ma vie sans que le mot *fin* soit jamais l'ordre du jour. Il est des mots de rien du tout qui portent le deuil de toutes les étoiles en même temps. Inutile de les compter, les étoiles, ça ne sert plus à rien quand on perd une maman qui semblait vous aimer pour les siècles des siècles, en allée d'un mal malin plus fort que l'air du temps, plus fort qu'elle... Un mal plus fort que maman, qui peut croire ça ? Moi non. Ma mère, maman.

— Mon chéri, dit-elle avec un soupir, tu apportes la gaieté dans cette famille, et je t'assure qu'elle en a bien besoin. Alors, merci au bon Dieu de t'avoir envoyé chez nous car c'est là ta place et je l'ai voulu ainsi. Maintenant, va te laver les mains. Après, tu mettras le couvert.

Mettre le couvert, desservir, aller à la boulangerie chercher le saucisson de deux livres, poser le papier mural avec maman, clouer des bouts de moquette bradée à la semence de tapissier, visser, c'est pourtant mon rôle. On m'apporte les choses à réparer comme si j'étais le bricolo du coin de la rue. Je suis serviable, que voulez-vous, complaisant. Il me faut bien justifier ma présence à l'ombre de mon père. Ma mère en profite. Si Tita, ma sœur, ne touche pas aux couverts, c'est qu'il faut préserver ses mains d'artiste en devenir. Si mon frère Hervé n'y touche pas, c'est qu'il est d'un tempérament saturnien, *porté au découragement*, formule de papa. Il est susceptible comme on n'imagine pas, tout simplement, et sa mauvaise humeur à table, son mutisme rageur en dépit du saint-émilion, mon père lui-même ne les supporte pas toujours. Les claques volent.

2

53, avenue du Parc-Montsouris
Paris XIVe
Sixième étage gauche
Téléphone : Port-Royal 97-33

Merci de revenir avec moi dans ces lieux, cet appartement où je ne sais plus si j'ai jamais eu l'occasion d'être heureux, comme si même à l'intérieur d'un rêve, à l'orée du sommeil, on n'arrivait pas à faire ami avec le mot *bonheur*, à Paris. Il y a tellement d'années que je n'ai revu cette porte vernie. La clé ? Vous plaisantez, j'imagine. Eh bien, je l'ai perdue. Maman a dû l'emporter ailleurs. Je n'ai pas le souvenir d'avoir jamais pénétré dans ces murs à l'aide d'une clé, même si je sais quelle forme elle avait, comment elle brillait et de quel poids elle pesait dans la main. Pour ouvrir, j'ai mon tournevis rouge un peu tordu, dissimulé sur le palier dans le local du compteur à gaz. Vous voyez, il y est toujours. La meilleure des clés. Il suffit d'agir sur les tiges dormantes d'une porte à deux battants aussi blindée qu'une coquille d'œuf, et l'on est chez soi.

Mon père a des soupçons. Mon père ne m'a jamais regardé sans avoir des soupçons. La clé, la clé… Mais comment fait-il, étant dehors sans clé, pour être dedans, pour entrer? C'est magique, papa.

— Où est ta clé?

— Dans ma poche.

— Montre-moi cette clé.

— Je ne l'ai plus.

— Comment es-tu entré?

— Sans la clé.

— Comment?

— La porte s'ouvre…

Elle me voit sortir de l'ascenseur, je n'ose dire qu'elle m'attendait. Elle se dit: malheureux garçon, il n'a pas la clé. Elle me voit taper le paillasson du pied, le soulever avec l'espoir qu'une bonne âme de père ait déposé à mon intention sa propre clé. Il l'a déjà fait, une fois. Sous le paillasson, la clé, et dessus un bristol avec ces mots latins: *Clavis est sub objecto quo utilitatis ad essuyandum pedibus tuis…*

Sûr qu'il va vouloir entrer quand même, violemment au besoin. Elle me voit sonner, ronchonner, frapper la sonnette à coups de poing. Elle se dit: la prochaine fois, c'est mon tour. Elle se rappelle un temps où quiconque arrivait au sixième étage entendait la voix gorgée des murs possédés par ce piano Pleyel, fantôme incapable de s'incarner, apparemment sans l'ombre d'un lien substantiel avec ma sœur ou ma mère, insupportable aux oreilles des voisins qui se convoquaient à l'envi sur le palier pour gronder ensemble contre ces gammes roucoulantes de Méphisto, émanant bel et bien du sixième étage, impossibles à situer précisément, se faufilant chez eux avec la vélocité d'un arôme infernal, imprégnant leurs bla-bla et leurs peaux, leurs bras, leurs souvenirs, leurs amours, les dressant les uns contre les autres, entre partisans d'une copropriété reconnaissant une place à la musique et partisans d'une copropriété sans musique, sans vibration aucune, avec silence de chacun et tranquillité pour tous. Ils se risquaient à sonner. Chez nous, on se risquait à ouvrir. Le plus souvent, c'était moi, grande bouche, oreilles décollées, en échange d'une pièce jaune décochée par mon père. Maman n'est pas là. Mon père est en voyage. Ma sœur vit à l'étranger. Mon frère est soigné pour un mal de Dupuytren, celui qui raidit les articulations des mains. J'ignore de quel piano vous parlez. Moi, je n'entends aucun piano. Si j'étais sourd, je ne vous répondrais pas. Parfois, ça joue du piano. Ça joue dehors, par-dessus les toits. Ça vient des courettes adjacentes de la rue Gazan, de l'Aude, des Artistes, et comme le bruit monte… Oui, monsieur, j'aviserai mon père qu'il recevra une convocation au tribunal. Oui, je rigolerai moins quand vous foutrez le piano par la fenêtre, au revoir, monsieur Dupuys*.

Je pense raisonnablement qu'aujourd'hui nous pouvons entrer chez moi sans clé ni tournevis. Où aller

---

* Raoul Dupuys : grand, lippu, rougeaud, apoplectique, chauve. Une femme à la permanente platinée. Trois filles, Joëlle, Chantal, Yannick. Yannick Dupuys, magnifique adolescente à couettes, me tourne les sangs. Un fils, Jean-Paul, sous l'influence de son gueulard de père. J'en fais mon meilleur ami pour approcher Yannick. En vain .

dans cet appartement pour mener à bien ces joyeux mémoires ? Oublions le bureau de mon père, voulez-vous. C'est une utopie, un lieu dont supposer l'existence est un péché. La chambre de ma sœur est fermée à double ou triple tour, c'est une chambre close, un coffre-fort à l'épreuve de braqueurs tels que ses trois lascars de frères ou que M. Dupuys, mal inspiré par un delirium de beaujolpif. La chambre de mes parents, leur habitacle nuptial, a trop souffert pour qu'on y tienne salon. Ma chambre, une pièce commune aux confins du couloir, est sans mentir un épouvantail. Vous éprouveriez un choc olfactif en y pénétrant, avant d'éprouver un choc visuel au spectacle du foutoir amoncelé par trois garçons timides en société, sans pudeur aucune entre eux. Je vous proposerais bien la cave, mais il faudrait y pénétrer. Elle est pour ainsi dire murée par *Don Juan*, le drame en vers octosyllabiques de Michel Poissenot, dont trois mille et quelques exemplaires aux pages non massicotées finirent chez nous à l'heure allemande, l'auteur absent de Paris, l'auteur en Allemagne au beau milieu des barbelés de Majdanek, l'auteur jamais revenu chercher *Don Juan* dans nos sous-sols. Il est ainsi des œuvres condamnées à n'avoir pour unique et dernier lecteur que celui-là même qui les a couchées sur le papier. Il est des *Don Juan* condamnés à ne coucher qu'avec eux-mêmes avant de partir en fumée.

Passons au salon, voulez-vous, un terrain des plus vagues entre le livre et le vivre : entre le stylo Waterman d'Henri, mon père, et le piano Pleyel d'Yvonne, ma mère, entre le romancier et le bloc familial qu'il lui faut bien affronter de temps à autre, ne serait-ce que pour se rendre aux WC, un exemplaire du *Marin* sous le bras, le stylo à la main, plume au ciel. Surtout ne lui parlez pas, ne lui demandez pas à quel moment il recapuchonne le stylo ni pourquoi il en a besoin aux WC – mots croisés, chansons, poèmes, allez savoir, un graphomane écrit partout.

Où s'asseoir ici, la grande affaire ! On n'a jamais retiré les housses des fauteuils, deux purs vintage Empire à l'instar de la méridienne où, ma mère vivante, la famille unie par la foi, par la santé, par l'égoïsme larvé, aucun d'entre nous n'aurait songé à prendre place. Allez-y, je vous en prie. Un verre d'eau peut-être, une paille d'or. La table en marqueterie fut achetée par maman à Brest en 1958 en haut de la rue de Siam, chez ce qu'elle nommera lâchement « un petit antiquaire », afin d'atténuer cette aberration dépensière imprévue. Ensuite elle écrivit une lettre d'excuses à son époux, alors en villégiature à l'île de Hoedic avec Hervé, quatorze ans, le fils aîné, messianique, aussi bien fils que père de son père, énième avatar du bon Dieu gigogne adoré des chrétiens. Devenu grand, Hervé compterait les stigmates dus à cet avantage effarant que mon père emporterait dans la tombe, homme pieux, fidèle aux premières impressions. Me concernant, il emporterait l'idée qu'il avait été bien bon, déjà, de m'engendrer, à l'époque où tout son amour était depuis longtemps partagé, déchiré en morceaux par les deuils à répétition.

Il ne m'aimait pas... Pour m'aimer, il y avait ma mère. Un océan d'amour tenait dans son cœur, océan sans limites, impossible à déchirer celui-là.

Mon grand chéri, écrivait-elle à papa, début juillet 1958. *Le voyage en train fut épuisant. Dès Chartres les enfants lorgnaient le sac du pique-nique et j'ai eu bien du mal à les faire patienter jusqu'à Laval. Interminable changement de locomotive au Mans. Nous sommes arrivés à Brest avec une bonne heure de retard, couverts d'escarbilles. Aucun porteur sur le quai, pas de car pour L'Aber avant 18 h 30. Jean s'est coltiné la grosse valise jusqu'à la consigne. Il ne tient pas en place, mais il est toujours aussi complaisant. J'ai tenu bon pour la limonade au buffet de la gare et nous avons marché dans Brest où il faisait un assez beau temps gris. À deux pas du cercle naval, nous sommes passés devant chez un petit antiquaire nouvellement installé. Tout était hors de prix, à l'exception d'une table en marqueterie ravissante, copie d'ancien, d'où son prix raisonnable de 39 000 francs. Je situerais l'ancien du côté de Charles X. Je l'ai achetée sur l'argent des vacances, pensant qu'elle irait bien avec nos fauteuils Empire assez perdus dans notre grand salon. Elle sera livrée début septembre à Paris. Aujourd'hui je regrette cet achat. C'est peut-être une folie. Je sais que tu travailles beaucoup pour nous tous et que les frais ne manquent pas. Pardon de te demander cet effort, mon chéri. S'il n'y avait pas eu cette année le prix de l'Académie française, je ne me serais jamais permis cet écart. En même temps, ce meuble est vraiment très joli, très gracieux, et plus tard il faudra penser à l'assortir d'un piano à queue.*

Est-ce que vous serez à L'Aber fin juillet ? Je suis sûre que ces vacances avec toi à Hoedic font le plus grand bien à Hervé qui avait besoin d'air marin pour se remettre de sa dure année scolaire à Buffon.

Mille tendres baisers à vous deux, mon mari que j'aime.

Y. Q.

Zut, maman vient d'entrer. Elle m'a reconnu, je suis obligé de vous laisser.

3

— C'est bien toi, Jean ?

— C'est moi. Aujourd'hui, c'est Yann. Je suis revenu au breton que refusaient les mairies à ma naissance. Nous avons les mêmes initiales, toi et moi. Y. Q.

— Mais tu as le droit d'être ici ? Dans le salon ?

— Non, maman. Encore moins de poser un verre d'eau sur la table en marqueterie. Papa est là ?

— Ne fais pas l'idiot. Tu sais très bien qu'il est au bout du monde.

Maman s'assied en face de moi. Elle porte une robe à ramages jaunes et verts taillée de ses propres mains. Nous sommes donc un soir d'hiver, à quelques encablures d'un Noël dans les Vosges où la tribu Queffélec skiait pour la première fois, comme les autres personnels aisés du baby-boom.

Ma mère n'essaie jamais une robe neuve sans demander mon avis. Ma sœur, quelque raffiné soit son goût vestimentaire dont elle s'est toujours méfié, est trop bon public. Ma coquette petite mère a besoin d'un avis masculin – du regard d'un homme, cet homme eût-il encore du lait dans les fosses nasales. Idéalement, c'est à mon père qu'elle voudrait demander en toute modestie : « Alors, ma robe ?... » en virevoltant devant la table basque du bureau sacré. Il dirait : « Très bien, belle, mignonne, très bien... » Sincère avec ça, sincère et distant. Sorti d'une famille brestoise où les hommes étaient grands et beaux, les femmes grandes, pas belles, voûtées, le ricanement chevalin, dès la naissance embringuées dans l'adoration d'un dieu charognard pour qui *femme* est le vrai nom du péché mortel. Au feu, les sorcières. Au feu, les atours de la séduction, au feu, les robes, les décolletés plongeants ou non, les parfums mielleux, les talons aiguilles, les bikinis, au feu les chapeaux – ah, ça oui : au feu, et que ça brûle ! D'une femme, quand mon père disait qu'elle avait une *tête à porter des chapeaux*, on pouvait être sûr qu'elle avait du sex-appeal à revendre, une belle paire de lolos parfumés, et que sa place était en enfer parmi les autres pécheresses à chapeau qu'il avait déjà envoyées chez les diables.

— C'est toi, la tache sur la table ?

— Non, maman. C'est l'énorme Canadien qui traduit papa en anglais. C'est lui quand il a posé son verre de whisky. Jamais vu un fessier pareil, rappelle-toi. Tout juste s'il passait dans les bras du fauteuil.

— Nous préférons le porto.

— Tout ce qui est un peu sucré, maman. Le champagne demi-sec, l'anisette, le monbazillac, le lambrusco, l'asti spumante, la Marie-Brizard.

— Le Grand-Marnier.

— Même la limonade, maman. Pas une fête à la maison sans limonade. L'Algérienne est plus douce que la Dumesnil.

Le sourire de maman illumine la nuit. Il déploie son mirage entre nous depuis quarante ans. On dirait une enfant qui cache un secret dont elle n'est pas qu'à moitié fière.

— Ma robe est finie, dit-elle. Tu la trouves comment ?

Maman est une fort jolie femme de taille moyenne, brune, le teint mat, le nez droit, de grands yeux marron clair à l'ombre de sourcils bien arqués, une bouche de fraîche adolescente aimant les baisers et les rires. La dentition la plus régulière et blanche que la bonne humeur ait jamais fait briller. C'est donc la première fois qu'elle porte sa robe à ramages, c'est donc la semaine prochaine que nous partons aux sports d'hiver.

— Elle a besoin d'un bon coup de fer, je sais… Dis-moi les choses sincèrement.

L'inquiétude se lit dans ses yeux.

— C'est vraiment toi qui l'as faite ?

— J'avais un patron que j'ai découpé dans *Votre Beauté*. J'ai d'ailleurs modifié de toutes petites choses. J'ai mis de gros boutons verts au lieu des blancs. Plus discret. Alors ?

Elle a les bras nus le long du corps, elle attend, l'air gêné. Je regarde ses mains dont la droite, en 1958, est encore affligée d'une verrue qu'un badigeon d'azote à – 100 °C, en juin 1963 (année que j'ai du mal à revoir en détail et même en général, année que la mémoire a gommée), brûla d'une seconde à l'autre, ne laissant qu'une vague roseur de pétale imprimée dans la chair.

Maman a les mains solides, les doigts courts, les ongles fragiles. Sur les phalanges, la peau n'a pas la douceur fine des mains régulièrement pommadées et confiées aux bons soins des manucures. *French manucure. American manucure. Asiatic manucure*, on en est loin… On n'a pas le temps, l'argent. Des mains de servitude, des mains banales, des mains qui nous appartiennent à nous, ses fils, fille et mari, qui n'appartiennent à maman que pour être à nous. Des mains qui font les boulots ingrats de toute une maisonnée qui se fiche bien de savoir, pour le linge, la vaisselle, par quel enchantement c'est bien propre et rangé tous les jours à la bonne heure, ça sent bon, avec le petit déjeuner des uns, le goûter des autres et les repas fumants qui nous réunissent à la table branlante de la salle à manger. Elle branle en dépit des clous dont nous la gavons comme on bourre d'aspirine un chien fatigué ; un couvercle de camembert Lanquetot contreforte un pied vermoulu.

Maman a des mains pour avoir chaud, n'avoir plus mal et s'endormir consolée du chagrin sans paroles qui mange le sang des adolescents, des enfants jour et nuit. Pas besoin de parler à maman de ces désarrois, elle se doute, elle y est déjà passée. Ces mains que j'ai toujours connues à la tâche et quelque peu fanées, ces mains de servitude jouent du piano. Entre deux vaisselles, on est à Valdemosa, à Schönbrunn, à Vienne, à Madrid, on entend chanter Mozart, Élise, Albéniz ou le rossignol Balakirev. Quel plus grand bonheur pour un fils timoré que d'aller voir sa mère au piano dans sa chambre et de lui dire : joue-moi cet air, cette chanson, maman. Et elle la joue, le piano sent bon, la mer sent bon. Elle sourit à son fils qui regarde ses mains magnifiques aller sur le clavier, elle voit l'émotion lui monter au visage, elle est émerveillée du pouvoir de la musique sur lui, paresseux, trop paresseux pour apprendre à jouer.

— J'ai l'impression de l'avoir toujours vue sur toi.

Je suis épaté par l'adresse de maman. Je garde pour moi le sentiment que cette robe, pour réussie qu'elle soit, n'a pas l'air sortie d'un magasin. Elle a l'air d'une robe confectionnée par maman à la maison, vers minuit. Une robe maison, pour la maison, seyante à la maison.

— On la verra mieux dans le miroir de l'ascenseur.

Nous sortons sur le palier. Nous appelons l'ascenseur de droite. Il est pourvu d'une glace où, avec un peu de recul, en maintenant la grille à ressort et la porte ouvertes, on peut se voir en pied. C'est mon rôle, portier, quand ma sœur ou maman procèdent à leurs essayages. C'est aussi de les rassurer, de trouver ma sœur aussi joliment tournée que maman voudrait qu'elle soit.

La veilleuse s'éteint, maman disparaît du miroir de l'ascenseur. Elle reparaît, se cambre, esquisse un sourire. Elle a des trotteurs vert olive à talons dont la couleur me déplaît. Qui suis-je pour avoir cette vilaine pensée ?

— Elles sont bien, tes chaussures… C'est joli avec la robe.

— Il faut bien que je les fasse, il me reste une petite semaine. Nous sommes invités à dîner au pavillon d'Armenonville par le prince Murat. Je veux faire honneur à ton père.

— Je peux venir ?

— Tu t'embêterais à mourir, mon chéri… Je ne sais pas quoi penser de ma robe.

La porte de l'appartement était grande ouverte et les Petits Chanteurs de Vienne chantaient jusqu'à nous. Mon père tolérait un tourne-disque à la maison si nous écoutions les Petits Chanteurs de Vienne et jamais les Petits Chanteurs à la croix de bois, risibles en comparaison des Autrichiens. *La Truite*, *Die Forelle*, *L'Alphabet*, nous passions des soirées entières affalés sur le plancher, le nez dans le vinyle noir et les senteurs électriques du Pathé Marconi rouge sang.

— Tu as la taille fine, maman.

La lumière s'éteint, revient. L'immeuble est endormi sous mes pieds. Sur ma tête il ne l'est pas moins, mais là-haut c'est une région à part, secrète, toujours silencieuse, habitée par la famille Nathan. Des éditeurs. Des Juifs. Les Juifs, à cet âge-là, ça ne me dit rien. Ça me dit quelque chose, pardon, mais ce quelque chose est cerné d'un tel non-dit qu'il a l'air d'une histoire isolée, pas d'une histoire attachée à mon histoire, inhérente aux événements où j'ai pris place en naissant après l'Occupation.

Ma mère, quand nous goûtons ensemble à la cuisine, fume sa demi-gauloise et parle d'une voix rêveuse. Je ne suis pas sûr aujourd'hui qu'elle ait jamais parlé à mon père aussi librement. Je crois même qu'elle avait besoin de me confier des souvenirs dont l'évocation n'intéressait qu'à moitié papa, lui-même tiraillé entre plusieurs mémoires qu'il avait du mal à réconcilier.

Un jour, disait maman, entre Rue-du-Bac et Sèvres-Babylone, un homme a tiré au pistolet dans le métro. Le métro s'est arrêté, il a fait nuit noire, et des gens vociféraient en allemand, en français, les Allemands criaient plus fort. Le métro est arrivé à Sèvres-Babylone et les policiers allemands nous ont fait descendre un à un, ils étaient plusieurs devant chaque porte, ils avaient des chiens. Ils étaient furieux, leurs voix résonnaient dans la station. Quand mon tour est arrivé, je leur ai montré mes papiers, mais ils se sont énervés. Ils m'ont amenée à leur chef. Il a crié en français que j'étais une menteuse, une Juive, que mes papiers étaient de faux papiers, qu'il reconnaissait les Juifs à l'odeur de leur peau – et il reniflait dans ma direction tout en parlant... Je suis rentrée chez moi sans comprendre pourquoi on m'avait arrêtée et pourquoi on m'avait laissée partir. Tu ne peux savoir comme j'avais honte, mon chéri. J'avais honte d'avoir honte. On m'avait traité de juive, comme si c'était la pire des grossièretés que puisse entendre une jeune fille. J'ai l'impression que j'entendrai toute ma vie la rage de cet Allemand dans mes oreilles : « Tu es une Juive avec une odeur de Juive... »

Est-ce ainsi que l'on parle à un fils de neuf ans qui rentre du lycée ? Ce n'est pas à moi qu'elle dit ces phrases d'absolution. Elle les dit pour qu'elles résonnent un moment dans l'univers. C'est un pardon souverain que mon regard d'enfant sans tache représente à ses yeux... Mais de quoi une femme aussi bienveillante que ma mère a-t-elle besoin d'être pardonnée ? Peut-être du soulagement de n'avoir pas été juive sur le quai d'un métro où l'on raflait des enfants d'Israël dont l'odeur offensait la narine schleue.

— Écoute, dit maman, ça devrait aller. De toute façon, je n'ai rien d'autre... Va te coucher maintenant, tu veilles de plus en plus tard.

On est l'obéissance même à dix ans. Maman dit : « Couche-toi, il est tard », on ferme automatiquement les yeux, on remonte la couverture sous le menton, une petite prière à la Vierge Marie et la nuit porte conseil.

Revenus dans l'appartement, nous nous enlaçons maman et moi à l'entrée du couloir. J'ai ses bras autour de moi, sa joue contre la mienne et sa respiration dans mon cou. Je sais qu'il me reste dix ans à vivre le bonheur total de ces baisers berceurs avant d'aller au lit. C'est bien court, dix ans, quand on en connaît la fin, la date à la minute près. Le 15 mai 1969, à 4 h 50 de la nuit. C'est comme une seconde accrochée à la pointe de l'aiguille au-dessus du vide et rien ne saurait empêcher sa chute le moment venu. Écoute, maman, on va t'opérer du sein… Je pourrais même en dire plus : on t'enlèvera la valeur d'une mandarine, ce sont les mots du chirurgien. Et aussi : je saurai la nouvelle de ta mort avant papa, on me prendra pour lui un matin au téléphone.

— Ton père rentre demain soir d'Afrique. Il faut que nous soyons bien reposés pour l'accueillir. Tu iras l'attendre à l'aérogare du Bourget à 9 heures et vous reviendrez en taxi. Tu m'as bien conseillée pour la robe. Tu es un bon garçon.

4

À quelques jours de là, je dîne en tête à tête avec maman dans la salle à manger. Assiettes bleu pâle à liseré bleu foncé, nappe bleu roi à parements jaunes. Mon père est au Centre national du cinéma avec son grand-père de fils, Hervé. Ils vont voir *La Fille aux yeux d'or*, titre qui fait rêver mon âme de dix ans. Une fille aux yeux d'or, à la bouche d'or, aux seins d'or, à la peau couleur de soleil… Ma sœur passe la nuit chez sa copine à Vaucresson, mon petit frère Tanguy est couché dans son berceau. Nous mangeons des œufs à la coque, maman et moi, nous beurrons des mouillettes de pain grillé. Elle est très souriante, elle me dit combien Tita, notre Tita, fait des prouesses en musique. Tita vient d'être auditionnée par Mme Bascourret, Blanche Bascourret de Guéraldi, la meilleure élève de Cortot, qui lui a prédit un avenir au piano. Je plonge mes mouillettes, je fais déborder l'œuf, je suis content. C'est ma fierté d'avoir un père écrivain, chevalier de la Légion d'honneur, premier prix de thème grec au concours général, ma fierté d'avoir une sœur première en classe, un frère excellent au football, grand connaisseur d'automobiles. Ma mère, c'est autre chose.

Je l'aime de tout cœur, je n'en suis aucunement fier. Il peut m'arriver d'en avoir un peu honte quand elle coiffe un certain bonnet de poil synthétique assez disgracieux selon mes critères, et qu'ainsi couronnée elle m'embrasse devant mes copains. Maman c'est moi, je ne suis pas fier de moi. Je rougis facilement, je tourne les talons, je cherche maman. Nous sommes ici-bas pour admirer, elle et moi, pour applaudir, assurer la claque de ceux qui décrochent les timbales et se présentent à nos yeux nimbés d'une supériorité qui nous fait pâmer. Nous nous serrons les coudes, maman et moi, dans cette famille où chacun veut être le seul à qui mieux mieux, jugeant banal de ne penser qu'à soi.

Pour ma part, je n'ai aucun talent qui demande à briller dans un avenir proche ou lointain. Je dessine un peu, c'est vrai, je taquine le portrait. J'aggrave mon cas avec des silhouettes au crayon ne figurant pas forcément mes professeurs à leur avantage. M. Clocheau, le prof de maths, nu et grassouillet dans une baignoire à pattes de lion, causant avec Mlle Tacheix, la prof d'allemand chaussée de lunettes noires. Mes parents sont convoqués au parloir du petit lycée Buffon. C'est maman qui prend son courage à deux mains pour s'y rendre. Elle tâche de plaider ma cause auprès de M. Clocheau dont le surnom chez les élèves, depuis l'an quarante, est « Gras-du-bide ». Il est dans tous les foyers où les parents demandent à leurs enfants, retour du lycée Buffon, comment s'est passé leur cours de maths.

M. Clocheau a les yeux baissés.

— Jean est pagailleur, dit maman, mais il a bon fond.

M. Clocheau lève les yeux.

— Il ne pense qu'à faire se poiler ses camarades. C'est un apache aussi peu civilisé qu'un rat d'égout. Aucun respect.

— Vous m'étonnez beaucoup, monsieur Gras-du-bide, Jean est à la maison si…

— M. Clocheau ! Madame ! M. Clocheau…

— Mille pardons, monsieur Clocheau. Je me disais que ces dessins traduisaient de sa part une forme d'admiration pour…

— Foutage de gueule, madame, je lui colle un blâme. Autrefois ce genre de crapule était traîné sur la grand-place pour être fouetté en public.

— Je vous en prie, monsieur Gras-du-bide, il…

— M. CLOCHEAU !

— Monsieur Clocheau, soit !… Bien sûr, monsieur Clocheau, je suis confuse… Mon fils est un gentil garçon malgré tout…

— Une jolie petite frappe, je n'en doute pas. En prison aussi, ils ont des chérubins qui finissent à l'échafaud. Les plus grands criminels ont commencé par téter goulûment leur maman, chère madame. Les nazis vénéraient leur nourrice…

— Voyons, monsieur Gras-du-bide !

— M. CLOCHEAU ! M. CLOCHEAU ! M. CLOCHEAU !

Maman revient en pleurs à la maison. Je l'aide à coincer une vieille couverture de laine derrière le Pleyel qui résonne à travers murs et plafonds jusqu'à l'épine dorsale de nos lamentables voisins.

— Alors, maman ?

— M. Gras-du-bide n'a rien contre toi, mon chéri.

— Tu es sûre ?

— Il te trouve insolent, mais vif d'esprit.
— Il me traite de gibier de potence.
Maman de soupirer :
— Quel drôle de nom : Gras-du-bide…
— Il s'appelle Clocheau, maman.
— Allons, ne sois pas insolent.

5

Le dîner fini, nous rangeons la vaisselle, maman et moi. Je sens bien qu'elle a quelque chose sur le cœur. Elle brise une gauloise et nous sortons sur ce bizarre balcon nid-de-pie d'où l'on aperçoit les jardins ouvriers de la rue Gazan. À l'ouest, une échappée vers les friches de la Vanne paraît donner libre cours au flot des constellations, énormes entre les buildings de béton, sonnantes et trébuchantes. Devant nous le ciel étoilé, derrière le tancarville en bois où sèche un pêle-mêle de vêtements et sous-vêtements, tous les effets d'une maisonnée qui en est encore aux loyaux services d'une lessiveuse galvanisée. De ce balcon nous crachons sur M. Dupuys, mon frère et moi ; nous lâchons des hirondelles de papier dont les plus opiniâtres atterrissent parmi les patates des jardins ouvriers ; nous guettons les fenêtres au coucher du soleil, aussi prometteuses que des terriers de garennes… L'heure tranquille où, lasses des travaux du jour, de jolies personnes à l'esprit vagabond entrent se dévêtir dans la prunelle dilatée d'un garnement aux lèvres sèches, aux yeux élargis d'effroi, qui mourrait pour ces quelques éclairs de nudité volée. Un soir, une ombre humaine évoluant furtivement derrière un mouvant voilage me retint près d'une heure aux aguets. Quand la fenêtre s'ouvrit sur une lumière crue, je subis la vision d'un salopard de vieux bonhomme hirsute en tricot de corps, se raclant la gorge et glaviotant le plus fort qu'il put.

La cigarette de maman brillait dans la nuit, son visage dans une lueur un peu rouge.

— Comme ça, tu n'as pas trouvé ton père à l'aérogare, l'autre jour?

— Le chauffeur de Mgr Rodin l'attendait au Bourget.

— Et ça t'a peiné, bien sûr.

— J'ai cru qu'il était mort. Je n'osais plus revenir à la maison. Tu imagines un peu, pour te l'annoncer?...

La tournée des conférences africaines de papa l'a tenu éloigné les trois mois d'automne. Avant son départ, il m'avait dit qu'il aurait à prendre vingt-neuf avions pour revenir à bon port et qu'il avait souscrit de solides assurances-vie au CCF, pour le cas où l'un d'eux viendrait à piquer du nez. Il devait survoler plusieurs mers, des lacs, des fleuves, des forêts, des savanes, à savoir des requins, des abreuvoirs à serpents, des crocodiles affleurants, des hippopotames, des milliers de créatures mangeuses de bêtes humaines, que ces dernières aient ou non partagé la chambre de Gracq et Pompidou rue d'Ulm et réfléchi aux lois ambiguës du subjonctif. Je n'ai jamais si mal dormi que durant ces trois mois. Je décomptais les avions et les jours. Je passais des nuits entières à me convaincre, d'ailleurs sans difficulté, qu'il était scientifiquement impensable que les dizaines de milliers de rouages et bidules nécessaires au déroulement des vingt-neuf vols transafricains donnent satisfaction du premier au dernier. Avec la chaleur... Avec les vibrations, les frottements, l'usure, les tempêtes de sable, le crissement des insectes carnivores... Eh oui, disait papa, vingt-neuf avions, vingt-neuf pistes de fortune dont certaines pas plus grandes que des terrains de football, avec la montagne au bout. Les seules fois où j'ai vraiment eu peur en avion, p'tit vieux, c'est là-bas, en Afrique... La première fois, le moteur brûlait sur l'aile gauche sans aucun bruit, je l'ai vu se décrocher et partir en tournoyant dans la nuit comme un météore incandescent. La deuxième fois, la queue de l'appareil s'est prise au décollage dans les filets d'une cage de buts et l'avion a perdu sa queue, il y a eu des morts... Il y a aussi la fois où le pilote a dévissé le plancher sous mon siège avec un gros tournevis chromé pour examiner le train d'atterrissage qui refusait de sortir, d'ailleurs il n'est jamais sorti. On ne s'embête pas en Afrique, mais à la grâce de Dieu tout finit par s'arranger. Dieu seul connaît le jour et l'heure de chacun, p'tit vieux, Dieu est ponctuel.

Nous avions la même heure, Dieu et moi, quand je me présentai à l'aérogare du Bourget dans la zone des arrivées. Je savais pertinemment que le vol Yaoundé-Paris – en dépit d'une francophonie florissant grâce à des intellectuels aux pantalons trop courts tels qu'Henri, mon ombrageux paternel – n'avait aucune chance de parvenir sain et sauf à destination. Y parviendrait-il que papa ne serait pas à bord. Au vingt-troisième avion, d'après une carte postale montrant sur fond d'azur une porteuse de jarre togolaise aux seins nus puissamment dardés vers mes paumes, il était toujours vivant. Entre-temps, cinq autres avions s'étaient frottés aux lois non malléables de la gravitation, des dizaines d'ingénieurs et mécaniciens zélés avaient œuvré pour que les hélices tournent au bon régime et que les roues du train prennent contact avec la croûte terrestre à l'issue d'un vol houleux, et malgré ce luxe d'ingéniosité la panne avait eu lieu, l'inimaginable panne imaginée pour moi seul. Dieu avait précipité l'un des cinq avions entre les maxillaires béants d'un hippopotame.

Je l'aurais juré. Il était mort. La porteuse de jarre entre mon estomac douloureux et ma chemisette, j'attendais les yeux rivés au tableau d'affichage... Tu vois, p'tit vieux, m'avait dit papa la veille du grand départ, on peut réchapper d'un accident d'avion quand on a la foi. Un jour, je me suis retrouvé barbotant le long d'un Vickers Viscount en compagnie de l'hôtesse de l'air et d'un businessman australien, une sacrée veine. On barbotait, mais on aurait aussi bien pu percuter une falaise, s'enflammer contre un building... Nous dérivions dans l'océan Indien en plein jour, pile quand on allait déjeuner. Il faisait chaud, le businessman avait du mal à surnager en raison des lingots d'or qu'il portait accrochés autour de la taille et qu'il refusait d'abandonner. Je ne tenais pas trop à ce qu'il s'agrippe à moi et l'hôtesse n'y tenait pas non plus. Il disait qu'il se plaindrait... Finalement je l'ai vu s'enfoncer et disparaître doucement, les mains en l'air, sous le ventre de l'avion. Un businessman lesté d'or, un cadavre riche comme Crésus. Mourir pour quelques lingots, quelle andouille !...

J'étais venu constater aux Invalides – tu parles d'un nom pour une aérogare ! – que papa n'y était pas, ayant péri quelque part en Afrique. J'en étais sûr en entrant dans le hall et doublement sûr après l'arrivée tardive de l'appareil, ne voyant venir à moi ni lui ni son fantôme escorté de cette mémorable odeur de peau que les dames appréciaient chez papa, douce et fraîche, surabondante, à la fois minérale et végétale, comme s'il était né parmi la bruyère océanique de Roscanvel un soir de poisson d'avril. Une odeur de bruyère et de poisson d'avril. Les débris du vingt-septième ou du vingt-cinquième avion fumaient quelque part en Afrique et, quand la nouvelle tomberait, ce n'était pas moi qu'elle prendrait au dépourvu. Adieu, papa. Bonjour, maman. Comment rentrer à la maison?... La scène est la suivante et, croyez-moi sur parole, aucun détail n'a pour fruit l'imagination d'un enfant soi-disant mal-aimé, négligé.

Il est 23 h 30 au 52 avenue du Parc-Montsouris. Je viens de passer du temps à me geler sous un platane, à gober les étoiles, appréhendant le regard subtil de maman, guettant les fenêtres du sixième, aussi clairvoyantes que des yeux. À présent, je suis dans l'ascenseur à grille noire et, dans moins d'une seconde, il arrêtera sa course à mon étage. C'est chose faite. Maman bondit sur le palier: « Où est ton père? » Mini-clin d'œil couleur framboise, le voyant rouge de l'ascenseur opposé s'éteint par-dessus son épaule. La porte s'ouvre et mon père est là, de dos, caparaçonné de l'immense pardessus brestois qui jadis habillait son frère Jean, le marin studieux, mort en 1947 au cours d'une traversée périlleuse de la rade à la rame, la nuit, par coup de vent, avec femme et enfants terrorisés implorant la Vierge Marie. Mon père extrait son brouillon barda, deux valoches en porc submergées de vignettes exubérantes, il étreint ma mère qui se laisse enfouir dans les plis du manteau Contador, la bécote à travers sa chevelure, il dit que le chauffeur du cardinal Rodin l'attendait au pied de la passerelle, et voilà qu'il n'en croit pas ses yeux en me découvrant, moi, sa bête noire, témoin pétrifié d'un miracle. Il devient rouge et son regard me crève les yeux.

— Toi !

— ...

— Qu'est-ce que tu fiches ici !

Qu'est-ce que tu fiches ici dans mes pattes ? Alors comme ça, je ne peux pas rentrer chez moi par un ascenseur sans que tu sortes de l'autre ? Il n'y a plus moyen de revenir d'Afrique noire en paix ! Alors comme ça, tu fugues la nuit ?... C'est fou tout ce qu'on peut lire dans la prunelle élargie d'un père qui va vous gifler. Il me gifle, une beigne cuisante qu'il semble balader avec lui depuis trois mois, d'une Alliance française à l'autre, jusqu'au vingt-cinquième avion transafricain, jusqu'à l'ascenseur vert tilleul, jusqu'au paillasson du sixième, pour enfin s'en délivrer devant maman qui se mord la bouche d'indignation.

— Henri ! dit-elle, et bien des choses ont dû s'enchaîner ensuite, se juxtaposer, tisser la nuit des âges, sans qu'il me reste un film clair que nous pourrions visionner ensemble.

Qui a porté les valises en porc dans l'appartement ? Est-ce que papa s'est excusé ? Est-ce que maman s'est excusée pour lui ? Est-ce qu'elle est venue m'embrasser dans mon lit ? Qu'ai-je pensé en m'endormant ? Au joli corps de Mlle Tacheix, la prof d'allemand ? L'imagination érotique est le malheur interdit aux injustices du temps où j'ai passé ma jeunesse.

Retour sur le balcon, la gauloise est fumée.

— Tu as mérité un cadeau, dit maman. Dis-moi ce qui te ferait plaisir.

— Un pantalon noir en Élastisse pour les sports d'hiver.

— C'est très cher, l'Élastisse, dit maman. Tu es content d'aller aux sports d'hiver ?

— Je peux crâner au lycée, moi aussi. Mon copain Masséna va dans les Alpes à Chamonix.

— Ah ! soupire maman, Chamonix... Tu as dit où tu allais ?

— J'ai dit la montagne, La Bresse.

— La Bresse, oui. Nous allons à La Bresse. Et votre père vient avec nous, je suis contente.

— Moi aussi.

— Je t'offrirai un pantalon noir en Skitiss, c'est plus avantageux. Tu ne feras pas la différence avec l'Élastisse.

— Il faut des chaussures adaptées, pour les sports d'hiver ?

— Évidemment. L'oncle Marc veut bien nous prêter ses doubles tiges. Je compte sur toi pour y faire très attention. Ce sont de vrais souliers de ski. Et comme vous avez à peu près la même pointure...

6

Mon oncle chausse un petit 42 fillette. Je chausse un bon 43 que je fais tenir à grand-peine dans le vase clos d'un soulier tellement usagé, par chance, qu'il en a perdu sa rigidité. Ce soir-là, avant-veille du départ aux sports d'hiver, non content d'essayer les souliers de ski, j'essaie mon pantalon neuf en Skitiss et mes fixations de ski Émile Allais : premier skieur français médaillé olympique à Garmisch-Partenkirchen en 1936, inventeur du ski parallèle avec dérapage et prise de carres. C'est mon généreux parrain, Pierre Houillon, inspecteur général de l'Enseignement supérieur, qui m'a fait cadeau pour Noël de ces fixations dernier cri achetées avec son filleul à Denfert-Sport, derrière l'énorme lion dit « de Belfort ». Hélas, ma généreuse marraine, Jeannine Bonjean, pianiste renommée pour certains, élève de Blanche Bascourret, ne m'a pas offert à temps les deux planches à lames multiples Snow-White qui donnent leur sens objectif à mes fixations, et je n'ai que des lames de plancher pour me suggérer une descente à vive allure sur une piste garnie de frétillantes admiratrices à l'accent bavarois.

— On te louera des skis, dit maman. Tu as presque tout l'équipement.

Encore une fois, nous prenons le miroir de l'ascenseur à témoin de mon élégance alpestre et pour ainsi dire méphistophélique, si j'en crois maman : long fuseau noir moulant, gants fourrés, anorak prêté par ma tante Fern, l'épouse de l'oncle Marc. Bleu pâle, l'anorak, festonné d'un galon plus mièvre encore autour d'une capuche atchoum, pourvu d'un cordon gansé à la taille.

— Maman, tu es sûre que ce n'est pas un anorak de fille ?

Les éclats de son rire montent en joyeuse volée chez les Nathan.

— Un anorak de fille ?... C'est un anorak de ski, mon biquet, tout simplement. Tu auras bien chaud. Je t'assure qu'il te va joliment bien.

— Et des souliers marron, maman, ce n'est pas gênant avec un anorak bleu ?

— Tu voudrais quoi ? Des souliers bleus ? Tu as vu leur bout ferré ? Ce sont de vrais souliers de montagnard, ton oncle n'achète pas de la camelote. Il y a une gorge pour les fixations. Le plus important, c'est qu'ils te prennent bien le pied : les chutes sont tellement violentes, au ski. Je n'aimerais pas qu'on gâche du plâtre pour tes jolis petons.

Mme Nathan paraît dans l'escalier. Savates, longue chemise de nuit, chevelure déroulée sur les épaules, silhouette mouvante environnée d'ombre.

— Excusez-moi, j'avais cru reconnaître la voix de Mi.

Mi, c'est son fils, un adolescent mal à l'aise dans ces années d'après-guerre où chacun s'efforce de revenir à soi, d'oublier l'Histoire, comme si renaître était toujours la meilleure solution après l'incendie. Mi ne sait pas de quel mal il est consumé depuis des millénaires, encore moins depuis qu'il vit expressément sur le plancher des vaches, des chrétiens et des juifs, et qu'il a Mi pour prénom. Michel. Michel Nathan, fils de Robert, l'éditeur.

Mi est somnambule, d'après sa mère à la drôle de voix, plus fredonnante encore que celle de ma tante Jeanne, de L'Aber. Mi grimpe aux arbres de l'avenue, les pompiers le ramènent au sol, il grimpe sur le toit du 52 la nuit, passe au toit du 54, à celui du 56, il domine l'avenue du Parc et la double queue-leu-leu des platanes, le manoir de l'aveugle enfant naturel de Modigliani, le pavillon turc de l'Exposition universelle, folie qui brûlera en 1991, il contemple par-dessus la plaine en jachère de la Vanne les lumières d'Arcueil et de la Vache-Noire, au sud, où les ténèbres sont vert marin. Il se dit que Yak, l'homme-oiseau qu'il prétend devenir en grandissant, pourra bientôt survoler ces arpents qui vont quelque part, là-bas, le royaume à la fois englouti et secret des hommes-oiseaux sur qui règne la fille aux cheveux d'ébène. Il me le dit quand nous dévalons rues et boulevards en patins à roulettes. Il me dit que des ailes d'argent fin lui poussent et que l'aile gauche, côté cœur, a du mal à sortir en raison d'un problème de cartilage qu'ils ont tous dans sa famille. Il me dit qu'il souffre beaucoup, mais que sa mère va l'opérer d'ici à l'an prochain, après quoi il sera Yak, l'homme-oiseau que son premier envol rendra muet pour le restant de ses jours. Il sera Yak, il épousera la fille aux cheveux d'ébène, là-bas. Il se moque de moi qui n'ai jamais entendu parler d'un royaume au sud.

Mi, quand le somnambulisme ne l'attire pas sur les toits au bord d'un rêve extrême, descend coucher dehors comme si la belle étoile était le meilleur des lots, par petit temps ou grand froid, qu'il vente ou neige… Et cette petite lumière sautillante que l'on aperçoit par le bow-window du sixième, c'est Mme Nathan, en gabardine et chemise de nuit, sa Wonder au poing, qui fouille sous les platanes obscurs de l'avenue, cherchant vaillamment le banc de pierre où son fils est gisant, le poitrail dénudé, en caleçon, des engelures par tout le corps… Et Mme Nathan fredonne : « Mi, Mi, tu es là, Mi?… »

Mon père, à la maison, la paupière lourde de tant d'écriture accomplie, la conscience lavée à l'encre Waterman, commence à bâiller sur les mots croisés du *Parisien*, signe qu'il est minuit et que demain il fera jour encore.

— Mais c'est affreux, dit maman, vous devez être atrocement inquiète ! Mi est encore sorti ?

— Il est sûrement dans la cour, dit Mme Nathan.

Dans la cour, outre les boxes à voitures, il y a l'abri à poubelles où Mi fait depuis quelque temps son bernard-l'ermite entre les caisses de fer, un sourire charmeur en guise d'explication. Yak est plus fort que tous les mots.

— Jean va y aller… Vas-y, mon chéri. Tu as la tenue qu'il faut.

— Ce ne sera pas la peine, dit Mme Nathan.

Elle descend les deux marches qui la séparent du sixième et passe devant nous en soufflant, le sourire de son fils aux lèvres, sourire facile à déchiffrer : on a chacun ses petites misères, n'est-ce pas, qui que l'on soit, juif ou catholique, éditeur ou romancier, par les temps qui courent...

— Ah, dit encore Mme Nathan, je dois vous annoncer que je ne signerai pas leur pétition.

— Leur pétition ? dit maman.

— Ils font circuler une pétition jusque dans le quartier. Ils se plaignent au commissariat. Ils veulent vous expulser à cause du piano.

Maman blêmit, porte la main à son cœur. Expulser... On veut nous expulser. Nous voilà pour ainsi dire coreligionnaires, les Nathan et nous.

Cette nuit-là, je crois bien que le mot *déménagement* circula dans la maison. Il germa sur les lèvres de maman, franchit les murs, escalada mon lit-gigogne où je dormais en étreignant mes fixations de ski, puis agriffa ses vilaines pattes chitineuses autour de mon tympan. *Déménagement...* La voix musicale de maman, la voix prudente de papa. *Déménagement...*

Ne vous étonnez pas si, levé de bonne heure, barbouillé d'angoisse, les cils emmêlés, je courus demander à maman une explication. Elle était dans la cuisine, seule, en robe de chambre marron. Incroyable, elle fumait en buvant son café, l'air plus rêveur que jamais. Elle me fit le sourire contraint d'une mère dérangée dans ses cogitations. Puis sa bonté naturelle lui colora les joues et j'allai l'embrasser.

— Maman, c'est quoi, une pétition ? C'est contre les juifs ?

— On ne va pas déménager, mon chéri, sois rassuré.

Ses lèvres tremblent en disant ces mots.

— Ils veulent nous expulser, maman, nous chasser.

J'ai le pressentiment qu'en revenant de la montagne il n'y aura plus notre sixième à nous au 52, plus la porte vernie mais un mur de parpaings baveux, plus notre paillasson mais un dallage nu, comme si nous n'étions jamais passés par là. D'ailleurs, où passerions-nous s'*ils* nous mettaient à la rue? Où passeraient le stylo Waterman, les godillots montagnards, le grille-pain troué, la cafetière en émail, la table en marqueterie, les fauteuils Empire, le bureau secret, les demi-gauloises, le Pleyel emmitouflé dans son plaid de vieillard?

Maman tire une bouffée, son visage s'illumine, elle est aux anges.

— C'est demain qu'on part à la neige, mon chéri. Ce beau voyage nous fera le plus grand bien à tous.

Je respire à pleins poumons cette fumée que les scientifiques ont récemment parée de vertus aphrodisiaques, profitables au yin et au yang. À dix ans, je trouve seulement ça bon, ce parfum clair d'un mini-feu dont il ne garde aucun souvenir.

— Et ton papa, reprend maman avec un rien d'emphase, ton papa…

… m'a dit qu'il t'aimait. M'a dit qu'il te trouvait remarquablement intelligent, drôle, sympathique. M'a dit que, de tous ses enfants, c'était toi qui lui ressemblais le plus. M'a dit qu'il t'emmènerait en vacances l'année prochaine à Hoedic ou dans une autre île du Morbihan pêcher la crevette, lever les congres carnivores dans les trous d'eau perdus, blaguer avec les pêcheurs, boire du vin chaud les soirs de caillante, caresser les cygnes aux ailes rognées qui volettent au crépuscule entre les bouées à cloche des Grands Cardinaux, scrapper les souches arrachées des mélèzes abattus sous le poids des rafales. M'a dit qu'il te châtiait beaucoup par amour, te donnait des fessées en cachette par amour, te confisquait tes illustrés et ton Pneumatic par amour, te ridiculisait publiquement par amour, t'évitait par amour, et que si quelqu'un s'est trompé de famille dans cette maison ce n'est pas toi car il espère qu'un jour tu feras son métier, et que tu fricasses les meilleures omelettes qu'il ait mangées même à l'École normale supérieure avec Gracq et Pompidou, il m'a dit tout ça…

— Et mon papa quoi ? Maman, tu n'as pas fini.

— Ton papa m'a dit cette nuit, solennellement, que lui vivant on ne déménagerait pas.

Il tint parole. Pas pour les bonnes raisons. Entretemps nous fûmes aux sports d'hiver, à la neige. Neige d'antan s'il en est.

7

Maman raffolait des voyages et ce seul mot de *voyage*, déjà, la transportait, si j'ose dire. Partir, partir au bout du monde… Elle disait qu'un jour elle irait à Tahiti. Elle écrivait *Tahiti*, les pirogues emplies de jeunes filles couronnées de fleurs, les sables brumeux baignant dans la torpeur d'une étendue marine idéalement aplanie pour l'évolution des pédalos et la dégustation de limonades aux fruits bleus, jaunes, verts, des fruits comme il n'en vivait qu'en Polynésie. Elle parlait et son regard errait dans une vision paradisiaque d'un livre ou d'un film d'enfance qu'elle ne cessait d'embellir en le remémorant. Les aurores de Tahiti, les soleils de Tahiti, nuit et jour… Au sixième, par la bouche de maman, c'était l'an prochain à Tahiti.

Mon père y allait, lui, à Tahiti, possession d'outre-mer où Tocqueville et Chateaubriand, nonobstant leurs œuvres, avaient besoin de porte-parole accrédités par la nation mère. Du bimoteur d'Air Polynésie qui se posait tous les jours à Papeete, il n'était pas exceptionnel que mon père descendît, le cartable à la main, sa blonde mèche flottant au vent chaud, prêt à vétiller pour la justice et la justesse d'une civilisation à la française qu'on ne saurait mieux incarner que dans la langue de Monsieur Jourdain, certes fils de Jésus ben Joseph, mais aussi petit-fils de Tite-Live et d'Homère, le meilleur compagnon d'Ulysse. De là-bas, il nous rapportait force coquillages, une telle abondance d'écailles et de spires qu'on ne savait plus sur quels supports, étagères ou radiateurs les envoyer imiter leur bruit d'océan.

— Tu fais erreur avec Tahiti, belle mignonne, hasardait papa.

— J'irais là-bas avec délices.

C'était un jour parmi d'autres à table.

— Tu en reviendrais déçue.

— J'aimerais savoir pourquoi.

— Déjà, les Tahitiens ne jouent pas de piano.

— Ils dansent le tamouré, ils ont leur propre musique, et l'on peut très bien se faire livrer un piano par le courrier.

— Le climat finirait par l'esquinter.

— Le climat? Le piano résiste au climat breton, si ma mémoire est bonne. Il y a toujours eu des pianos chez vous, à Brest. Ce sont bien des soldats américains qui t'ont appris à jouer du jazz... Entre Brest et Tahiti, je suis bien sûre que le piano n'hésiterait pas.

Mon père endurait comme une trahison ce vœu prononcé régulièrement par maman d'emprunter un jour le bimoteur d'Air Polynésie qui l'amènerait aux îles du Vent, du monoï et du tamouré sur la plage.

— Ce sont deux climats distincts, mignonne.

— Tu ne vas quand même pas insinuer qu'il fait moins beau à Tahiti qu'en Bretagne.

— C'est une question d'hygrométrie, je suis formel. Le taux d'hygrométrie tahitien est bien trop élevé pour la conservation d'un piano, surtout s'il est équipé d'un cadre en bois.

— Ça ne se fait plus.

— Je n'ai jamais dit que c'était le seul inconvénient, mignonne. Pour tenir l'accord, un instrument de musique a besoin d'une atmosphère peu chargée en humidité.

— Une atmosphère sèche… comme à Brest!

— Je n'ai jamais dit qu'il faisait sec à Brest. J'ai dit qu'il faisait moins sec à…

— … à Tahiti qu'à Brest, surtout l'hiver au point du jour.

— Tous les physiciens te le diront.

Pour avoir raison quand il est dans son tort, papa recourt sans vergogne à la communauté scientifique à grande échelle, les physiciens, les médecins… Moins il s'y connaît, ce qu'il juge a priori scandaleux, plus les savants se pressent autour de lui pour affirmer qu'il est beau, qu'il est grand, qu'il cause *urbi et orbi*.

— Il n'y a pas que l'humidité, mignonne, qui t'embarrasserait là-bas. Je te signale qu'il n'y a pas de goémons…

— J'ai du mal à suivre.

Mon père hoche la tête, fixe maman des yeux.

— Tu aimes beaucoup les goémons, mignonne… C'est un point que nous avons en commun, et je m'en félicite. Tu m'as appris à godiller, je t'ai appris à reconnaître les algues. Tu les ramasses et tu les respires, ce n'est pas moi qui te blâmerais. Eh bien, le cordon littoral de Tahiti, cerné qu'il est d'un massif corallien, n'abrite aucune arborisation marine. Je te vois mal te baigner dans une mer aussi pauvre en végétation… Toi qui fais si grand cas des laminaires, mignonne, ces algues…

— On nage au milieu des poissons multicolores, ça n'est pas si mal.

Mon père rit. Et comme il ne sait ni rire ni sourire à belles dents, on dirait qu'un trop-plein d'air lui sort brutalement des naseaux, tendant sa bouche autour d'une mâchoire qu'il préfère cacher.

— Et aussi des prédateurs, mignonne ! Les eaux tahitiennes abondent en requins mangeurs d'hommes.

Hommes, sous-entendu : hommes de bonne volonté, femmes, créatures douées d'espérance, bêtes à bon Dieu riches d'une âme en circulation depuis que Dieu-est-Dieu-nom-de-Dieu et qu'il entend bien le rester, que nous soyons morts ou vifs.

— Si je comprends bien, dit maman, je suis une midinette et Tahiti n'est qu'une catastrophe esthétique même pas ambulante.

— Je n'ai jamais dit ça, belle mignonne. L'horizon polynésien a du charme, il est profond, surtout vu des montagnes où il est risqué de s'aventurer sans un guide. Ce que j'ai vu d'impressionnant là-bas, la dernière fois, ce sont les couchers de soleil après l'orage. À tel point que la Bretagne m'a paru devoir s'incliner devant une telle démonstration, les couleurs, la puissance des nuées, la transparence de l'air véritablement écarlate à l'ouest, crénom ! J'étais bluffé... Le soir de mon retour en France, il se trouve que j'étais à l'inauguration du nouveau canot de sauvetage de l'île d'Ouessant qui porte mon nom. J'ai vu le soleil disparaître dans la baie de Lampaul et je m'en suis voulu. Je m'en suis voulu d'avoir pu douter un seul instant du soleil breton quand il se couche. On aurait dit qu'il faisait exprès d'échafauder pour moi sur tout l'horizon, pour me punir ou m'attendrir, je ne sais pas, des cités imaginaires hérissées de tourelles et créneaux, se réfléchissant dans cette espèce de lait sirupeux qu'était la mer, entre tous ces chiens et tous ces loups somnolents qu'elle abreuvait…

8

À Tahiti maman ne fut jamais de son vivant, jamais papa ne lui fit miroiter un archipel ultramarin comme un *peut-être* merveilleux qu'elle recevrait tôt ou tard en étrennes. Si ses droits d'auteur connaissaient l'embellie d'un succès phénoménal à la manière de Cécil Saint-Laurent ; s'il écrivait une pièce de théâtre qui ferait courir tout Paris ; si l'on remettait en librairie *Un recteur de l'île de Sein* ; s'il entrait à l'Académie française au son du tambour ; si l'argent, l'argent, l'argent qui ne cesse d'arracher à l'écrivain l'ongle d'or Waterman d'un stylo fétiche qu'il emporte même aux WC, lui faisait grâce une fois, rien qu'une fois, le temps d'un vol régional en bimoteur avec son épouse au hublot, de ce pénible labeur sang et eau qui l'apparente aux bagnards... La page blanche, la mine de sel jour et nuit, la délétère inhalation des mots qui vous arrache les poumons.

Sans être adoubée vahiné, sans fouler aux pieds les méridiens tropicaux dédaignés des laminaires, sans aller de Funchal à Nosy Bé, Babylone ou Ninive, maman voyageait beaucoup et pas seulement dans le miroir de l'ascenseur, si long-courrier fût-il. Elle avait l'art d'accommoder les sauts de puce, à tout le moins la monotonie d'un trajet qu'elle me dirait un jour exécré, synonyme de fatalité. Paris-Brest. Paris-L'Aber. Paris-L'Armor en express à vapeur du Mans à la rue de Siam. En deuxième classe, à huit par compartiment. Huit heures de mal en patience. Les œufs durs, les sandwichs au jambon gondolés, la limonade collante, le pain d'épices, la mauvaise foi des voyageurs, la marmaille intenable, les frictions à l'eau de Cologne en arrivant, l'éternel porteur rachitique au teint rougeaud, la lippe grincheuse, qui meurt sous le poids des valises mal cordées, la gueule noire des mécanos, le car brinquebalant – la mer. Paris-la mer avant son mariage, Paris-la mer après.

Maman n'aimait pas la mer? Ne dites pas ça, voyons. Maman redoutait la monotonie labéroise, qu'elle s'efforçait de regarder sous un jour flatteur, par la prunelle de son fils Jean pour qui L'Aber valait bien Jérusalem. C'était compliqué dans son esprit. Paris-L'Aber, Paris-la mer, *l'amer*, c'était d'abord Paris *sa mère* depuis l'enfance, c'était des centaines de fois où elle s'était juré ne jamais remettre les pieds sous un toit où la mauvaise humeur des aînés semblait imiter la mauvaise humeur du climat. Vent, pluie, froid, tempêtes, ambiances de plomb – la mer. Maman détestait la mer à L'Aber, le glacial été labérois qui me ravissait. L'âge venant sur la pointe des pieds, tel un condamné à mort ourdissant un plan d'évasion, elle avait des pensées coupables, sacrilèges. Quand on lui disait « L'Aber », elle entendait plus ou moins Tahiti ; quand on lui disait « Ouest », elle entendait Sud, elle entendait Midi – elle irait au sud et porterait des bikinis, des paréos, des tongs, elle nagerait dans les mers chaudes, elle fumerait ses gauloises à l'ombre balancée d'un palmier, elle dînerait à la belle étoile dans un bungalow sur pilotis, elle mangerait des gambas à la poudre d'or avec les doigts, au bout du monde, au large de tout, de sa mère au cœur jaloux, des convenances appliquées à l'instinct humain réputé luxure à L'Aber, de cette maison sur l'eau que les étés remplissaient d'oncles et tantes aux dents longues, riche famille prête à se déchiqueter pour des actes notariés, à tout perdre si l'orgueil s'en mêlait, l'orgueil calamiteux du fric et du sang.

Ma douce et docile, ma respectueuse maman économiserait sou à sou la cagnotte d'une virée au sud, impensable transgression, et ma grand-mère ni mon père n'y pouvaient rien.

— Je serai absente une petite semaine début août.

— Tu es vraiment sûre, mignonne ? Tu ne veux pas réfléchir ?

— J'ai tout réservé. J'emmène les enfants.

— Je te signale que nous sommes à Hoedic, Hervé et moi, début août.

— Je sais, j'emmène les trois autres, à moins que tu ne veuilles les emmener à Hoedic ?

— Je croyais que tu avais peur en avion sans moi.

— Nous traverserons en bateau.

— En bateau ? Pour aller où ?

— Là-bas... Dans le Sud.

— C'est vague, le Sud.

— Nous allons dans une île...

— De plus en plus vague... Une île du Sud, alors là !... Vous embarquez à Toulon ?

— À Quiberon.

— À Quiberon ? Mais pour aller où ?

— À Belle-Île-en-Mer.

— Crénom !

Car le Sud, dans les années 1960, était encore une denrée précieuse à la portée des seuls indigènes ou des gens bien en place. Le Sud de maman ne pouvait être le Sud de l'oncle Marc, un Sud levantin, arrosé de pastis, ébloui de cigales entre ciel et terre. Le Sud de maman, un Sud breton, se dénichait aux confins du Morbihan, une île microclimatisée où l'imagination, la bonne volonté et la grâce de Dieu ne demandaient qu'à pallier au mieux les manques d'un Sud vraiment natif du point gamma, premier bercail de l'équateur.

Si je m'en souviens, du voyage à Belle-Île-en-Mer, au sud, avec maman ! Tu vas voir, mon chéri, tu vas voir… À l'aller, sur le poussif et blanc *Guedel* qui pistonnait à trois nœuds maximum dans une eau marbrée comme un orgelet, je vis un marin flamber son journal au derrière d'un cochon terrifié pour le chasser du bateau. L'orage éclata, bienvenu ! la fraîcheur s'empara du Sud bellilois et cette molle pluie fourmillante appelée crachin noya sept jours de rang l'utopie méridionale rêvée par maman, tandis qu'elle faisait la vaisselle au sixième, le dimanche après-midi, seule, à peu près seule, et qu'on jouait des valses de Brahms dans la maison, mon père ou ma sœur, allez savoir.

Le Sud à la mode de Bretagne, le luxe à la mode de maman, la neige selon ma sainte mère qui récuserait vivement cette canonisation d'opérette, indigne d'une lectrice de Simone et Benoîte.

À l'aube, on ferma la maison, serrure et verrou, on prit le train gare de l'Est, direction Épinal : de là nous atteindrions La Bresse en taxi, pourvu qu'il n'ait pas neigé toute la nuit. On verrait bien en arrivant. On a des surprises avec la neige, disait maman. C'est comme la mer, on est minuscule. On a vu des villages isolés des mois entiers par l'épaisseur des flocons. Tolstoï décrit ça magnifiquement dans ses contes paysans, des histoires terribles.

Il n'y avait que nous, les six Queffélec, installés sur les moleskines vert bouteille de ce compartiment pour huit voyageurs assis. J'étais en anorak et fuseau, les souliers de l'oncle Marc aux pieds. Ma sœur est en anorak bleu pâle aussi ; ma mère en anorak bleu roi ; mon jeune frère en kabig noir à pochette Napoléon ; mon grand frère en anorak bordeaux. Mon père ne concède aucun symbole montagnard à sa toilette : il porte sur un col roulé bleu marine son imperméable beige acheté chez Arnys, et d'une poche sort un béret basque, après tout l'apanage des chasseurs alpins. Mon père ne compte pas skier, jamais de la vie. Mon père est un marcheur, un grand marcheur, il méprise un tantinet ces meutes emmitouflées jusqu'aux yeux qui se font hisser par les fesses en haut des pentes. L'engeance des femmes à chapeau, des buveurs de Coca-Cola. Il nous méprise un tantinet, je crois. Mon père est un esprit franciscain. À travers la Nature, il aime un Créateur à visage humain, ce fils de l'homme crucifié par les hommes. Il parle aux poissons, aux oiseaux, aux enfants, aux arbres qui font semblant de n'avoir rien à dire, aux chiens errants qui parfois se méprennent sur ses bonnes manières et retroussent les babines. Il parle à tout ce qui vit sur son passage, excepté les skieurs impatients d'arriver en bas. Les skieurs ne parlent pas.

Sifflet du chef de gare, le train s'ébranle en douceur, mon père sourit à la fenêtre, je suis étreint par une angoisse.

— Hé, maman, c'est quoi la montagne à vaches?

— Une montagne où les bovins paissent en liberté, les beaux jours venus.

La réponse ne me satisfait qu'à moitié. Mon père ouvre un journal, mon frère un Bob Morane – *La Croisière du Mégophias* –, ma sœur joue au tricotin, mon petit frère dort à moitié, les yeux grands ouverts sous une photo du lac d'Annecy, moi j'aimerais bien comprendre quelque chose, mais je ne sais pas quoi. Une odeur de supercherie me chatouille désagréablement les narines.

— C'est dans les Vosges, Épinal?

— Oui, mon chéri. C'est même le chef-lieu du département, sur la Moselle. Tu as forcément entendu parler des images d'Épinal.

— J'en ai une, maman, d'image. C'est toi qui me l'as donnée. Elle représente le roi Renaud. Il y a un poème de Philippe Dumaine que je sais par cœur: *Quand Renaud père de guerre vint, Portant ses tripes dans ses mains, Sa maison n'était que poussière, Poussière sa femme et sa mère*... Les Vosges, c'est dans les Alpes?

— Ah, pas du tout!... Les Vosges sont dans les Vosges. Les Alpes sont dans les Alpes. C'est une drôle de question.

— Quand j'ai raconté à Masséna que j'allais skier à La Bresse, il n'a rien dit. Mais quand j'ai parlé des Vosges, il s'est marré. Il a dit: « Ah! oui, les Vosges, les montagnes à vaches ! » Alors j'ai menti. J'ai dit qu'on allait dans les Alpes vosgiennes...

— De la part d'un élève de cinquième, c'est affligeant.

Mon père intervient par-dessus son journal :

— La vache est un animal des plus honorables, et la montagne à vaches l'est également... Je crois saisir ce que ton camarade Masséna semble vouloir insinuer avec sa montagne à vaches. C'est comme si tu partais à la mer – il regarde vers la fenêtre –, tiens, sur le lac d'Annecy.

— Je ne comprends pas.

— Les Vosges ne sont pas les Alpes, p'tit vieux. Ce sont de vieilles pierres courbées sous la nuit des temps. Les skieurs chevronnés vont plutôt dans les Alpes où la pente est raide et le flocon fougueux. Mais rassure-toi... La Bresse fait partie des Vosges cristallines, des Vosges rajeunies par le quaternaire. Les ballons sont élevés.

— Quels ballons ?

— Le ballon de Servan, par exemple, ne déparerait pas un contrefort alpin.

— Il y a des ballons dans les Vosges ?

— Les escarpements sont arrondis par l'usure, on les appelle des ballons, mais arrondis ou pas on dirait des gratte-ciel... Très impressionnant... Le col de la Schlucht vaut le déplacement... Le ballon de Servan culmine à plus de mille mètres, eh oui... Trois tours Eiffel bout à bout, trois paquebots *Normandie*...

— Et La Bresse ?

— La Bresse est à six cents mètres et des flocons... C'est très doux, très paisible, très enneigé. J'y ai séjourné pendant la guerre avec mon camarade Navratil...

Je ne sais plus aujourd'hui si le philosophe Navratil, l'ami de papa, est celui dont le père est mort d'avoir cédé sa place au capitaine Smith sur une chaloupe du *Titanic*, ou tué net au côté de Charles Péguy dans un champ tenu par les Boches, en 17, ou dévoré par un alligator tandis qu'il urinait dans les boues d'un marigot vers Saint-Laurent-du-Maroni, cet ancien bagne aujourd'hui poétisé par les pousses grimpantes et le silence des murs intacts jadis pétris de larmes.

— Il y avait une panne d'électricité dans la campagne, en raison des intempéries. Deux randonneurs étaient portés disparus. Nous avons passé la nuit à chercher, Navratil et moi. Tout le pays se promenait dans la neige, une bougie à la main. Je pense qu'ils sont tombés dans la Moselotte…

Je regarde mes souliers à bout ferré. Maman les a nettoyés à la brosse à dents et dotés d'une paire de lacets neufs rouge vif, si longs qu'ils tournent deux fois autour de mes chevilles avant de finir en double rosette, nœud marin paraît-il prisé des cap-horniers pour ariser la toile à l'aide de garcettes glacées.

— On peut vraiment skier, à La Bresse?

Maman hausse les épaules. Elle est un peu nerveuse depuis qu'une pétition visant nos intérêts fait ricaner les voisins sous cape. Des dizaines de signatures, des dizaines de plaideurs dénonçant avec énergie les nuisances sonores du 52, exigeant que Beethoven et Mozart foutent le camp du sixième, à coups de pied au cul s'ils rouspètent.

— On peut skier sur des ballons? Des montagnes à vaches? Il y a des remontées mécaniques?

Maman se moque de moi pour se rassurer.

— Si ton père nous offre un séjour aussi coûteux aux sports d'hiver, c'est pour apprendre le ski, tu ne crois pas? Tu peux me dire pourquoi, sinon, on va tous à la neige avec ce fourniment sur les épaules?

Silence à bord.

— Papa ne fait pas la différence entre la neige et le crachin, dit Hervé d'une voix blanche.

Hervé en veut à papa d'une claque reçue au dîner parce qu'il refusait son verre de saint-émilion. Des milliers d'enfants crèvent de soif en Afrique, et monsieur fait la fine bouche. Monsieur ne boit pas son bordeaux millésimé. Monsieur pense qu'à même pas quinze ans on peut tenir tête à l'auteur de ses jours, dans un domaine aussi régalien que l'alimentation des enfants. Ah! si monsieur veut jouer à ce petit jeu... Jusqu'à ce repas d'anniversaire, en 1967, où maman nous annoncera qu'elle doit subir une petite intervention – mot dont j'irai chercher la description dans les pages du Larousse –, Hervé ne s'adressera plus à papa que sur un ton bizarre, doucereux et désincarné, la prunelle vague, et la plus incarnée des représailles n'y changera rien.

Mon petit chéri,

Voici l'aspect actuel de notre village sous la neige. Nous faisons de belles promenades qui me font un bien fou. Je suis ravie que tu travailles bien. Bravo pour tes interros de maths et d'allemand. Pour le latin, cela ira mieux une autre fois. Mais écris plus large. Ton camarade israélite ne doit-il pas te donner quelques leçons de maths à prix d'ami? Demande-le-lui.

Avais-tu reçu les 1 000 francs de ma lettre parisienne? Hervé a de l'argent donné par papa. Je pense qu'à la suite du télégramme tu lui en auras demandé. Achète du beurre, du vin, quelques suppléments. Et continue à t'appliquer, mon chéri, c'est si important.

Je regrette bien que tu ne manges pas mieux et qu'il fasse si froid. Heureusement que tu as pris la fourrure. Je m'occuperai de toi après, mais je ne te verrai pas le 28, jour de mon retour, car nous n'arrivons qu'à 9 heures du soir. Tout s'arrangera mieux ensuite.

Après trois journées magnifiques, nous avons de la neige, mais le temps est très doux, le pays splendide. Je nourris chaque jour une bande de corbeaux affamés auxquels je distribue des graines, du pain, nos restes de fromage.

Donne-toi beaucoup de mal, mon cher Biquet, écris très large. Mille tendres baisers.

Ta maman

9

Crachin sur Épinal, brume errant sur La Bresse, neige inexistante, premier contact décevant avec les ballons vosgiens aussi mélancoliques et sombres dans la nuit que sait l'être un massif montagneux, quand le ciel bas refuse de lâcher ses flocons.

— Il neige sur les hauteurs, dit papa. Il suffira de marcher un peu. Excellente mise en condition.

— Il neigera demain, dit maman. Le Gros Bernard l'a promis.

Le Gros Bernard, c'est l'hôte, un géant. Gros Bernard est son nom usuel à l'Auberge du Vieux Moulin. Il est réputé pour ses talents gastronomiques, et j'avoue que ce potage au cresson donne envie d'aller à la rivière avec la serveuse.

— Est-ce que le presbytère est loin? demande ma sœur.

— Ici, rien n'est loin, ma chouna. Mlle Koenig a fait accorder le piano spécialement pour toi. Il manque un do dièse, si j'ai bien compris.

Mlle Koenig est le bras droit du curé de La Bresse, lequel met à notre disposition le Rameau dont s'enorgueillit la paroisse, un aïeul joué par le colonel

Denfert-Rochereau durant les cent trois jours du siège de Belfort, au siècle dernier. Le do dièse manquant, c'est sûrement lui, apprenant sa défaite.

— Je me demande s'il va neiger…

C'est moi qui viens de parler.

— Rappelle-toi, Barbara, dit papa.

— Quoi, Barbara?

— Il neigeait sans cesse sur La Bresse, déclare papa, sempiternel amateur de jeux de mots vaseux.

— Pouh! fait Hervé, la neige… La neige… Quel calvaire, la neige.

Tout ça pour torturer la fibre d'un père qui l'entretient savamment dans l'intuition qu'il est ici l'enfant-roi, qui lui achète des crevettes roses pêchées en Bretagne, des livres reliés à garder toute la vie, qui l'emmène à Hoedic, son jardin secret, sa tirelire à crustacés, qui lui donne la monnaie qu'il a dans les poches, le pétrus saint-émilion qu'il aimerait boire lui-même, qui le couvre de cadeaux ou d'offrandes, généreux, prodigue à la manière des nourrices du pays d'Arvor ou du pélican son frère, prétend-il à moitié sérieux, son alter ego.

Couchage tristounet. Chambre des parents, chambre des enfants. Vue sur la Moselotte. Toilettes au fond du couloir. Ma sœur cherche une prise adaptée à son lisseur de cheveux. Papa se met à ronfler. Maman s'endort, le mot pétition aux lèvres. Ah, s'il pouvait neiger sur les pétitions, les voisins…

Dans le compte-rendu plutôt fidèle que je dresserai à Masséna de mon séjour aux sports d'hiver – formule qui est un non-sens, comme le vers d'Aragon : « la veille où Grenade fut prise » –, il sera fortement question d'un chamois, l'un de ces trophées que les fins skieurs gagnent de haute lutte à l'issue d'un critérium sans pitié. Un chamois de bronze, dirai-je à Masséna, on est deux à l'avoir eu, j'y ai laissé mes deux skis, brisés net à l'épreuve du muret, j'ai failli tuer ma mère. Vit-on seulement l'ombre d'un chamois vivant se déhancher sur les pentes vosgiennes, je n'en ai pas la moindre idée. Masséna se flattant d'une aisance aérienne aux divers slaloms du chamois, au col de Balme, en partie grâce à des planches Kneissel de compète et des fixations Rossignol tout Inox, j'ai répliqué – un cran au-dessous car tel est mon honneur en amitié – par ce modeste chamois déjà bien lourd à coltiner sur les épaules d'un skieur débutant.

La nuit de notre arrivée aux sports d'hiver, miracle des promesses tenues par hasard, il neigea tant et plus sur le village, comme si Gros Bernard n'avait eu qu'à claquer des doigts vers les nues, en sortant les poubelles, pour que la nuit noire se fît blancheur et constellations. Au réveil, ce fut la plénitude, cette nudité, ce clair silence épars, cette première fois qui ressemblait au baptême amoureux d'un premier regard sur un corps longtemps désiré. J'entrouvris la fenêtre, et la fraîcheur parfumée me sauta au visage, la Moselotte scintillante chuchota que je devais enfiler illico les souliers pour ainsi dire orthopédiques de l'oncle Marc. Je fermai les yeux avec l'impression d'être rendu, rejoint, fini, sauvé. Le monde était beau, la naissance éternelle, Dieu bon comme la neige au soleil du matin, blanche et bleue en même temps. Je n'avais pas le sentiment d'offenser la mer en prenant dans mes bras ce Dieu richissime tombé furtivement du ciel au cours de la nuit.

Ce matin-là, on loua des skis au village, on skia sur un terre-plein devant l'église de La Bresse où papa s'informa de l'horaire des messes. À midi la neige submergeait de nouveau la contrée, à ne pas distinguer l'avant des spatules. On remonta déjeuner à l'auberge, heureux des glissades initiatiques, mais pas tant que ça. J'étais en sueur, courbatu, la gravitation me collait douloureusement aux pieds, j'avais mal aux orteils mais plutôt mourir que d'en faire état. Les mauvais ouvriers ont toujours de mauvais outils. Les mauvais skieurs de mauvais souliers. Les mauvais souliers de mauvais lacets rouges. Les mauvais lacets rouges de mauvais flocons. Les mauvais garçons de mauvais orteils, un mauvais cœur… Les adages paternels ne demandaient qu'à pleuvoir sur les orteils tuméfiés, le cœur, les bobos du fils qui se trompe de famille et que l'on emmène aux sports d'hiver par charité chrétienne, avec le fils bien né.

Au menu c'était quiche lorraine et volaille, et pour ma sœur : carottes râpées et truite au bleu.

— Hervé a bien skié, dit papa, on voit qu'il est agile. Les enfants du foot font merveille dans tous les sports.

— Moi aussi j'ai bien skié, papa. Moi aussi, je suis sportif.

— Tu es tombé trois fois.

— C'est Hervé qui est tombé trois fois, moi deux. Et moi, j'ai les souliers de l'oncle Marc.

— Un peu de respect envers les grandes personnes, s'il te plaît. Ton oncle est bien gentil de t'avoir prêté ses propres souliers.

— Ils ne sont pas tout à fait à sa taille, dit maman.

— Ils sont bien assez grands pour lui.

— Il voulait juste un mot d'encouragement de ta part, Henri.

— Ce n'est pas une raison pour dire du mal de son grand frère à table.

— Ce n'est pas du mal, dit maman, c'est la vérité. Il est seulement tombé deux fois. Et d'ailleurs ça l'a fait rire... C'est aussi banal de tomber à skis que de boire la tasse en nageant.

Elle ajouta entre ses dents :

— Hervé, quand j'ai voulu l'aider à se relever, m'a dit de lui fiche la paix... Tu l'as laissé dire.

Papa resta coi.

— Tu trouves normal qu'un enfant dise à sa mère : « Fiche-moi la paix »... ?

Elle se tourna vers la baie vitrée que tapissait une épaisse couche de buée.

— Il neige encore. On ne pourra plus skier aujourd'hui, malheureusement. Si tu vas marcher cet après-midi, tâche au moins de repérer des pistes agréables, pas trop pentues. Franchement, ce terre-plein d'église !

Ce n'était pas qu'elle en voulait à papa, mais quelque chose lui portait sur les nerfs. Elle aimait bien les Vosges, mais elle aurait préféré plus montagnard, agressif, piquant. Pourquoi pas La Bresse où mon père avait des souvenirs d'étudiant, mais à condition qu'il fasse beau et que les enfants s'amusent. Sympathiques, cette auberge et ce Gros Bernard à cinq cents mètres d'altitude, mais à condition de rentrer dorés par le soleil des cimes en ayant connu l'ivresse des longs parcours à travers les sapins poudrés à frimas. Papa s'était chargé des vacances aux sports d'hiver, mais attention : s'il s'était concocté sournoisement un séjour de randonneur dans une région trop basse où l'on skiait à la Saint-Glinglin, il paierait les pots cassés.

Le lendemain, papa nous emmena skier l'après-midi sur une aire à faible coefficient dont il pouvait jurer ses grands dieux que les plus entraînés des skieurs y trouveraient leur content.

Nous marchâmes sur la nationale environ deux kilomètres et c'était pain bénit qu'il eût neigé le premier soir dans un ciel froid, cristallin, car de jour les flocons mollissaient en l'air et se liquéfiaient en touchant nos souliers. Nous allions les skis sur l'épaule, en file indienne, exposés aux régulières éclaboussures et rafales des poids lourds qui filaient sur Nancy. Devant, papa portait les skis d'Hervé, moi les skis des filles en plus des miens, loin derrière nous mon petit frère en kabig tirait sa luge à cordelette sur le bitume trempé.

— C'est encore loin, papa?

— Mais non, ce n'est pas loin. Pense à la bonne tourte aux châtaignes que Gros Bernard va nous envoyer ce soir… Ça se mérite, les bons petits plats de Gros Bernard…

Quand papa nous dit: « c'est là, les garçons, vous pouvez uriner et chausser vos skis », on crut qu'il blaguait. Les camions passaient toujours en fanfare, et le champ que, tel un imperator, il déployait d'un geste hiératique jusqu'à l'horizon était plat, mais plat comme l'ennui mortel.

— Et la pente, papa?

— Elle est faible, vous ne tomberez pas, vous glisserez…

— Il n'y a pas de pente, papa.

— Vous ne vous ferez pas mal. De ce côté-ci, il y a une pente, ça descend.

— C'est de la marche, papa. C'est de la marche avec des skis aux pieds.

— Ça s'appelle du ski alpin, je veux dire du ski de fond. C'est très sportif, les Nordiques en sont friands. Moi-même, quand j'étais en Suède…

— Ça s'appelle du ski vosgien, papa. On est dans les Vosges, je n'ai même pas envie d'uriner, je n'ai envie de rien.

— De toute façon, vous n'êtes jamais contents, vous ne pensez qu'à vous… Je connais des milliers d'enfants qui paieraient pour être à votre place.

Moi j'en connais qui paieraient pour s'en aller d'ici en abandonnant les souliers de l'oncle Marc aux corbeaux.

Le monde est à feu et à sang, les Russes ont installé des missiles à tête nucléaire dans la baie des Cochons et vous vous plaignez d'être à la neige, misérables punaises que vous êtes, sales petits bourgeois…

C'est juste qu'on a des skis aux pieds, papa, et que même la vessie pleine à déborder, le cœur lourd, on n'avance pas d'un millimètre, même en forçant à mort sur les bâtons, la neige est pleine de flotte, c'est une glu.

C'est juste qu'il ne manque plus que le bruit viril des coups de canon pour qu'on ait le sentiment d'être des poilus dans leur décor de fin du monde, papa, non des enfants auxquels on offre la magie des surfaces inclinées où la neige se laisse dévaler.

10

À trois jours du départ, on découvrit le *petit terrain* et ma vie changea. Il ne faut pas grand-chose pour être heureux ou désespéré. Une chanson vous sauve, une autre vous tue. Un simple mot. *Montagne* commençait à m'anéantir, *montagne* me ressuscita.

Petit terrain... Qui la vit en premier, cette vallée heureuse, minuscule, sur la rive nord de la Moselotte, à quelque cinq cents mètres du Vieux Moulin?... Mon père? Peut-être bien. Il passait d'excellentes vacances, l'animal. Il coupait court à la mauvaise humeur de sa famille en partant gambader en solo, l'après-midi, jusqu'au dîner. Il nous racontait combien c'était merveilleux, là-haut, ces villages fantômes qu'il traversait, les campagnes sans âme qui vive, sans résonance aucune hormis le « vlouf » d'un bloc de neige tombant d'un toit, hormis les pas du marcheur et son souffle, ah oui, son souffle pareil à celui du phoque perdant patience à l'approche d'un rival.

Maman perdait patience à la longue. Il tergiversait.

— Demain vous prendrez le car du Tour, ils ont des remontées mécaniques.

Le jour suivant, problème. Trop de kilomètres automobiles pour arriver au Tour, la station édénique des hivernants, tire-fesses, télésiège, terrasses... On n'y allait jamais, au Tour. On skiait où ça descendait, se dérobait sous les pieds, on skiait de moins en moins, on vivait sur les nerfs, on avait toujours faim.

Un jour il annonce piteusement :

— Je crois que j'ai trouvé un *petit terrain* pour vous, pas très loin d'ici.

Il avait mis le temps, mais il avait compris ce qu'on venait chercher aux sports d'hiver. Des ondulations bien molles et bien descendantes, pourquoi pas au pied d'une montagnette skiable pour les meilleurs d'entre nous. Ah bon?... Le meilleur d'entre nous, c'était moi, comme toujours les vilains canards à la traîne, les corniauds, les clopin-clopant, un cœur gros comme ça, la libido à l'avenant. On y va au culot, nous autres les mal-aimés, ça passe en général mais ça peut casser, finir en miettes et requiem.

J'ai porté mes skis là-haut, au sommet. J'ai noué mes lacets rouges et fait claquer mes fixations. Pourquoi voulais-je épater ma mère, cet après-midi-là, ou mon père, ou le monde entier, toutes les filles imaginables accourues au *petit terrain* contempler ma gloire et, qui sait, le plus catastrophique des vols planés imaginés par un branleur pour inspirer l'amour à des belles et, vainqueur ou vaincu, se pelotonner dans leurs draps bien frais? Du bâton, j'ai fait signe à tous ces braves gens miniatures, ma famille, mes oncles et tantes, ma grand-mère, mes aïeux. Regardez-moi, les nains, les skieurs de montagnes à vaches, retenez votre souffle, oubliez les battements de cœur précipités qui vous remontent à la gorge et concentrez-vous sur le point vivant dont vous doutez encore qu'il va faire ça, la fripouille, débouler à travers les champs en espaliers, dégringoler en bas d'un trait, pour se poser comme un zinc en détresse sur le tarmac du porte-avion…

Il s'élance, il fend l'azur, il passe un premier espalier, un deuxième, au troisième il hurle « MAMAN ! » pour s'aider à franchir le dernier champ que limite un invisible muret, il encastre la pointe de ses vieux skis dans les grosses pierres enneigées, il est éjecté vers le ciel avec seulement deux moitiés de skis derrière les talons, plus rien devant les bouts ferrés d'oncle Marc, il voit grandir à l'horizon la prunelle de sa mère encapuchonnée de bleu, il se dit que telle est son ultime destination, cette prunelle qu'il n'a jamais vue si vaste et ronde et qui paraît vouloir les absorber en bloc, lui, ses chaussures, ses planches mutilées, son cœur d'enfant, sa libido. Il mord les flocons, trépasse. Dieu qu'il fait doux en enfer.

Auberge du Vieux Moulin, dîner. Je n'eus pas avalé une cuillerée de potage au cresson que mon père entreprit de me couper l'appétit.

— Les skis ne sont pas réparables.

— Ce n'est pas ma faute, il y avait des pierres.

— Le loueur n'est pas assuré pour ce genre de casse. C'est comme si tu les avais détruits exprès, tes skis. C'est d'ailleurs ce que tu as fait. Tu n'en fais jamais d'autres.

— Je voulais seulem…

— Avoue : tu l'as fait exprès !

— Mais non, je…

— Avoue !

— Non… Oui, papa.

Mon père a les yeux bleus, j'ai peur de lui quand il me dit : « Avoue ! » J'avouerais n'importe quoi pour qu'il regarde ailleurs que dans mes yeux. Je mens pour qu'il regarde ailleurs, cesse de me torturer la rétine comme si j'étais Adam à poil, les mains en croix sur ses parties honteuses, chassé du paradis. Je dis ce qu'il a besoin d'entendre pour justifier sa rancœur envers un fils qui fait de l'ombre à son aîné dans le cœur des autres, sa mère incluse. Je tiens mon rang pathétique dans la fratrie, le rang de celui qui ment, se repent, finira mal, celui qui n'aurait jamais dû commencer à vivre, un 4 septembre à 2 h 49 de la nuit.

— Tu as l'air faux comme un jeton. Tu es un faux dur, une poule mouillée. Tu ne seras jamais qu'un raté. Les menteurs sont des ratés.

— Henri, dit maman, je t'en prie !... J'ai eu tellement peur quand il est tombé. Il marche sur tes traces, tu sais. Tu devrais lire ce qu'il écrit.

— Pfuit !... dit mon père, ou quelque chose comme ça. Pourquoi mens-tu ?

J'ai peur de tes yeux bleus. J'ai l'impression que tu mets du feu dans la cervelle. J'aimerais ne plus exister quand tes yeux croisent les miens.

— Pardon, papa.

— Il va falloir payer les skis.

— Il aurait pu se casser le cou, dit maman d'un ton froid.

J'ai souvent l'impression qu'elle a peur de papa, elle aussi. Elle répugne aux éclats dont il abuse à mon égard. Elle subit l'effroi teutonique des yeux bleus. Pour assurer ma défense quand l'injustice est trop criante et que la moutarde lui monte au nez, elle en use avec le doigté d'un Machiavel. Elle est patiente, aux aguets, elle sait piquer à l'improviste et remuer le dard dans la plaie.

Au dessert, lorsque papa se fut dépensé largement en couplets laudateurs sur la finesse du clafoutis aux cerises, gâteau maison d'origine germanique dont Mozart était friand et que Gros Bernard leur avait spécialement cuisiné pour leur dernier soir au Vieux Moulin, un ange eut l'heur de survoler notre histoire, ouvrant une fenêtre de tir pour maman.

— Nous sommes propriétaires, dit-elle de but en blanc. On ne déménagera pas. Votre père est formel.

Les mots s'enroulaient et stagnaient dans les volutes céruléennes de la gauloise, l'alibi préféré des grands timides, avec les lunettes de soleil.

— Je suis formel, dit mon père en écho, désarçonné.

— Des nuisances sonores, le piano! C'est scandaleux... Mozart doit se retourner dans sa tombe.

— Il doit surtout bien rigoler, dit papa, l'air mauvais, les sourcils froncés.

— Heureusement que tu fais preuve de fermeté, dit maman, je suis fière de toi. Votre père est un vrai chef de famille. Il ne se laisse pas marcher sur les pieds.

— Mozart aurait fait pareil, dit papa modestement.

— Je n'en suis guère convaincue, dit maman.

L'ange en lévitation, ses grandes ailes repliées, regardait briller les noyaux de cerise bien sucés dans l'assiette de papa. Il en comptait vingt-neuf, le numéro matricule du Finistère, pays d'Armor. L'ange aurait bien aimé naître à Brest, ville tutélaire des Queffélec depuis les Croisades où le chevalier Tugdual Queffélec de Kergaradec eut les yeux crevés comme tous les Quinze-Vingts.

Maman ralluma une moitié de gauloise et papa ne se permit aucune réflexion touchant les méfaits du tabac.

— Je m'étonne, dit-elle, je m'étonne que Mme Nathan, si méticuleuse, n'ait pas envoyé la pétition des voisins. Il y a du courrier tous les jours, je ne comprends pas.

— Elle l'a envoyée, mignonne, elle est en évidence sur ma table. Le syndic aussi m'a répondu, il n'a pas traîné.

— Pour dire quoi ?

— Il affirme qu'un musicien ne peut s'approprier par le son les parties communes de l'immeuble où il possède un bien. Il suggère, afin d'éviter les tracas d'une procédure où nous laisserions nos plumes, que la musicienne, elle seule, quitte le sixième.

Maman regarda son mari comme un fou.

— La musicienne ? Tita ? Tu veux qu'elle déménage ?

— Je ne dis pas ça, mignonne, dit mon père en se frappant la poitrine à deux mains. Je dis que Tita doit travailler son piano dans la sérénité. C'est une question de vie ou de mort musicale. Je me demande, je n'en suis pas sûr, je réfléchis tout haut, je vous prends tous à témoin, je me demande si la solution, le temps que l'ordre revienne au 52, ne serait pas la Cité des Arts, devant l'île Saint-Louis, au Pont-Marie. C'est une résidence créée par Landowski pour les jeunes musiciens sans toit. Ce serait provisoire, évidemment. L'affaire de quelques mois. Je me fais fort d'aller parler à M. Dupuys. C'est peut-être un salaud, mais c'est aussi un père de famille.

Il répéta :

— De famille, je suis formel.

Les yeux de maman s'embuent, les prunelles où j'ai cru tout à l'heure emplafonner la lune. Elle quitte la table. Fin du séjour dans les Alpes vosgiennes en 1962.

11

PÉTITION EN VUE D'EXPULSION

Copropriétaires unis du
*52 avenue du Parc-Montsouris – Paris XIVe*

12 octobre 1961

M. le commissaire divisionnaire E. Blandin
Commissariat du XIVe arrondissement
5, rue Sarrette – Paris XIVe

Nous, soussignés, Dupuys, Leroy, Strouzer, Vial, Gazarossian, Tomine, Hoestrich, Trarieux, Bronssein, Racinet, Magor, Alvarez, Binard, chacun propriétaire d'un appartement payé dans sa totalité au 52 avenue du Parc-Montsouris, estimons en droit de porter plainte auprès des autorités policières contre la famille Queffélec, propriétaire d'un appartement à crédit situé au sixième gauche, dont il est bien stipulé dans le Code immobilier qu'il constitue un local d'habitation, et que son utilisation à usage professionnel quel qu'il soit est interdite.

Voici les faits. Lors de la construction de l'immeuble en 1955, les Queffélec ont légalement acquis une extension de dix-sept mètres carrés à l'extrémité sud de leur appartement. Cette extension sert de bureau professionnel à M. Queffélec qui travaille chez lui en violation du Code immobilier mis à jour en 1945 (alinéa C-537, « conduite et mœurs en copropriété »). Les activités de M. Queffélec ne troublant pas l'ordre général de l'immeuble, la copropriété ne s'est pas émue jusqu'à ce jour d'une infraction due, semble-t-il, à des travaux littéraires qui les font vivre lui et sa famille (une épouse, une fille et trois garçons, les quatre enfants mineurs).

Or M. Queffélec, bien qu'allant plusieurs fois par semaine à la messe, se croit tout permis avec le Code immobilier qui ne fait rien d'autre qu'exprimer la loi. Non content d'occuper illégalement une extension à usage professionnel, il cache à son domicile, et ce depuis septembre 1955, un piano droit de type Pleyel dont la possession est strictement encadrée par des règles de copropriété figurant au chapitre du Code intitulé « NUISANCE PAR ABUS DE DÉCIBELS D'ORIGINE INSTRUMENTALE ». La frontière de cet abus est fixée à 25 décibels par appartement jusqu'à 22 heures et tombe à 5 décibels après 22 heures. Le seuil conventionnel d'audibilité étant de 10-12 watts, et des niveaux sonores de 98 décibels ayant été enregistrés au magnétophone sur le palier du sixième après 22 heures, la copropriété s'est réunie en dehors des Queffélec pour exprimer son découragement et choisir de s'en remettre à la police de quartier avant d'engager, le cas échéant, une procédure.

Régulièrement questionné dans le hall du 52 au sujet des nuisances qu'il produit avec son piano, M. Queffélec a toujours fait l'étonné, promettant de s'en tenir aux divers points du Code sur les décibels d'origine instrumentale. Il a présenté comme une excuse pouvant tenir lieu de passe-droit le fait que sa fille Anne soit pressentie pour entrer au Conservatoire de Paris.

Questionnée dans le hall en revenant du marché, Mme Queffélec n'a pas voulu répondre aux questions, disant que son mari le ferait aux réunions trimestrielles de copropriété. M. Queffélec ne vient jamais aux réunions et le ravalement de l'immeuble s'est décidé sans lui, tout comme la réhabilitation du local à poubelles ou la remise à neuf du moteur de l'ascenseur nord que ses trois fils ont contribué à détériorer en sautant et jouant avec le bouton d'arrêt.

Questionnés à l'occasion, les Queffélec ont fait montre d'insolence et déclaré qu'on n'était pas encore obligé de porter l'étoile d'infamie quand on jouait du piano dans un immeuble parisien, à moins que la copropriété se soit liguée pour les envoyer en camp de concentration. M. Bronssein lui-même, fils de déportés, s'est fait traiter d'antisémite par le cadet auquel il s'adressait poliment, s'informant si Queffélec était un nom d'emprunt.

Questionnée, la femme de ménage des Queffélec, Mme Podvorny Lucie, Polonaise installée passage Hannibal avec son fils Thomas, deux ans, a signalé qu'en sus du Pleyel on cachait au sixième un Rameau dans la chambre de la fille qui joue fenêtre ouverte de 9 heures à 12 h 30, puis de 16 heures à 20 heures. À signaler qu'en sus ils ont un Érard à queue, sans parvenir à préciser s'il s'agit d'un instrument de concert à grande queue, à queue diminuée pour la maison, ou d'un *crapaud* à queue de poche, ce qui ne change rien au fait que M. Queffélec joue du jazz la nuit sur son Érard au-dessus comme au-dessous du sommeil de ses voisins immédiats. Entre les parents, la fille et les fils Queffélec, entre le Pleyel, le Rameau et l'Érard, c'est jour et nuit que le sixième produit cet abus caractérisé de décibels d'origine instrumentale, au mépris des bonnes mœurs édictées par le Code immobilier.

Visités pour explication à l'amiable, les Queffélec n'hésitent pas à faire les morts, laissant la copropriété se pendre à leur sonnette, ou répondant par la voix du fils cadet qu'ils sont en voyage et qu'en leur absence on n'ouvre pas aux inconnus.

Exigeons devant cette situation qui n'a que trop duré, monsieur le commissaire :

– intervention immédiate de la police de quartier ;

– expertise officielle des abus de décibels instrumentaux ;

– expulsion ou réduction au silence immédiate des trois pianos ;

– expulsion immédiate des Queffélec si refus d'obtempérer ;

– *pretium doloris* à chiffrer suite à céphalées et mélancolies dépressives constatées par le docteur Alvarez chez Mmes Alvarez, Dupuys, Gazarossian ;

– enquête pour dégradations mystérieuses occasionnées dans les ascenseurs et autres parties communes dont le local à poubelles.

12

Épinal-Paris.
Voiture 3 (2e classe).
Couchettes 55-53-52-51-50-49.

— Mais qu'est-ce qu'on va devenir ?

— On ne déménagera pas, mignonne, je suis formel.

— C'est elle qui va nous déménager, Henri, c'est la police.

— La loi protège la famille, sois sans crainte… Dors, mignonne, il faut te reposer.

— Il faut déménager, on n'a pas le choix.

— Dors.

Et papa se met à ronfler… J'ai la couchette du haut, la meilleure à mon avis. Mes frères et sœur, plus bas ils sont, à proximité des toilettes, mieux ça va pour eux. Moi, à dix ans, ce que j'aime avec les toilettes des trains, quand on a la chance d'avoir le dernier wagon, c'est dérouler par le trou qui voit les rails tout le rouleau de papier hygiénique et regarder, penché à la fenêtre baissée, l'immense rouli-roula du ruban beige voltiger dans les virages sans fin, et saluer au passage les petites gares endormies des bleds où il n'y a pas un chat.

J'ôte mes souliers de ski, je les coince dans le filet et, me retournant de tout mon long, je vais chercher de l'air frais derrière le rideau tiré. Je descends la vitre que papa vient de monter à bloc pour des motifs de « vent coulis » qui sont de banals courants d'air. J'aspire goulûment des souffles de nuit glacée comme si j'étanchais une soif d'absolu. Demain, je retrouve le métro Saint-Jacques, le lycée Buffon, M. Clocheau, Mlle Tacheix qui sent bon la colle de bureau. Pourvu que le train n'aille pas trop vite. Ah ! s'il pouvait arriver en retard, si M. Clocheau pouvait être mort horriblement dans des affres au-delà des mots…

— Remonte ce carreau, p'tit vieux, fait mon père d'une voix claire. Si tu crois que je ne te vois pas.

Il dort, il ronfle, il parle, il me voit. Même dans le noir complet, ses yeux bleus projettent un pinceau lumineux à travers ma conscience, l'un de ces rayons aveuglants qui font présager un chien fou de rage au bout d'une laisse tendue à craquer. Dans le noir complet je suis prêt à demander pardon si papa l'exige entre deux ronflements.

Je reviens à ma position d'origine, l'oreiller sous la nuque, le nez au niveau du signal d'alarme rouge. J'ai toujours pensé qu'une fois, une seule fois, il faudrait que je tire dessus pour voir à quoi ressemble un train silencieux dont on a tiré le signal d'alarme, à quoi ressemblent les yeux bleus d'un père dont le fils a malencontreusement tiré le signal d'alarme, sans le faire exprès, papa, en dormant, en croyant que c'était la chasse d'eau.

C'est vrai qu'il fait tout noir, même pas le halo d'une veilleuse à quoi raccrocher les papillons d'un premier sommeil. Les roulants sont en grève, a dit papa. Quand les roulants débraient, les contrôleurs syndiqués ou non leur emboîtent le pas. Mais la SNCF étant un service public intégralement financé par les deniers du peuple, elle assure un mouvement minimal des trains en mettant les ingénieurs aux commandes, les penseurs de la voie ferrée. Moi, ça m'inquiète un peu, sinon beaucoup, ces intellectuels efflanqués en train d'actionner les manettes de la locomotive en espérant que c'est la bonne et que le prochain aiguillage est enclenché par les autres collègues ingénieurs du service minimal. C'est un peu comme si mon père et Julien Gracq, l'un pelletant, l'autre manœuvrant au petit bonheur, conduisaient la loco à toute vapeur. Pas très sérieux, pour un homme aussi sérieux, de faire voyager sa famille à bord d'un train confié aux petits soins des ingénieurs.

Il ronfle, un ronflement d'une puissance à tirer les trains d'Épinal en enfer les jours de service minimal.

— Tu ronfles, dit maman sur la couchette du milieu.

— Je vais le tuer, dit mon frère Hervé sur la couchette du bas.

Pourquoi tuer un père qui ronfle d'aussi bon cœur? Il a de fortes narines, la cloison nasale déviée. Le vent se rue à travers les chalumeaux de cette cornemuse alambiquée, déployant les harmonies des canopées équatoriales au clair de la lune, cris de singes, caquètements, lamentations, clapotis gourmands, onomatopées illisibles, grognements en chandelle, tap-tap et jodle d'oiseaux inconnus. À quoi pense mon père à travers les interstices de ce méli-mélo, barricadé par son pif contre les voisins à pétition, les salauds qui l'enverraient en prison se confectionner des embauchoirs à trous de nez?

Aujourd'hui, je sais à quoi il pense, l'ancien, mon paternel, un œil sur Brest tout feu tout flamme en 1945, l'autre sur la vie qui vient, la pénible vie du futur imminent, le déménagement, le boulot d'écrivain, ce point final où l'on n'arrive jamais, subvenir aux besoins des fils, de la fille, de leur mère, ce fric qui vous vide les poches, vous arrache les mots du bec, vous jette à peu près nu sur la page avec l'espoir vain d'en tirer du pétrole un jour, que les sports d'hiver ne soient plus une peur au ventre, une peur le retour à la maison. Et bien d'autres choses qui ne regardent personne.

Je devais m'être endormi car je ne me rappelle rien. Quand je repris connaissance, papa ne ronflait plus et tous les miens semblaient dormir du même sommeil, de la même respiration, comme les rescapés d'une tempête unis par l'épuisement. J'avais bougé au cours de la nuit, baissé la vitre en grand, remonté le rideau sans que l'homme aux yeux bleus ne lâche les chiens. Il pleuvait, je léchais de grosses gouttes autour de mes lèvres et les courants d'air apportaient une odeur de bois mort et de fer mouillé. Apparemment, les ingénieurs s'en sortaient bien. On verrait tout à l'heure comment ils s'y prendraient pour accoster leur train le long du quai.

À cette vision, j'eus des pensées marines et je reconnus mes parents dans un canot à rames au port de L'Aber-Ildut, devant le Roc'h Melen en partie couvert par le flot, ne laissant émerger qu'un gros œil de granit, un soir où maman se faisait fort d'initier mon père à la godille, et mon père disait qu'il savait, mignonne, qu'il savait godiller, de cette voix typique du garçon vexé qu'une fille soit meilleure que lui en terrain sportif. Il s'était mis à pleuvoir et ma mère continuait à répéter sous l'œil à moitié submergé du Roc'h Melen : « Pas comme ça, Henri, tu plonges trop la pelle », et mon père à répéter : « Je sais, mignonne, c'est juste un coup de main… » C'est trop beau L'Aber-Ildut quand il pleut au mois d'août et que l'océan n'a plus besoin d'être grand ni d'agiter les tiges vert foncé des flocons…

Ma parole, je me rendors, moi, désolé, c'est toujours la même chose en wagon-lit, quand il ne reste plus qu'une poignée de maigres minutes avant d'attraper les valises et de se hâter vers le métro, ligne 4, direction porte d'Orléans, c'est la prochaine les enfants, Alésia…

Je me souviens juste qu'il pleuvait et que j'aurais pu rêver bien davantage si les kilomètres ne s'étaient pas réduits comme peau de chagrin sous les essieux du wagon, si je n'avais pas détesté soudain les ingénieurs qui mettaient fin à mes sports d'hiver pour me ramener dans une maison d'où l'on voulait nous chasser. Je suppose aujourd'hui que j'avais de tout autres pensées, mais rappelez-vous qu'il pleuvait et que mon père n'allait pas tarder à découvrir qu'il avait les pieds froids. La pluie peut déformer les histoires et les choses, et jusqu'aux souvenirs où vous seriez prêts à jurer cracher *qu'il était une fois, dans le train d'Épinal à Paris, voiture 3, couchettes 55, 53, 52, 51, 50, 49…*

13

J'avais besoin d'un tapis volant pour échapper au mauvais climat du sixième et voilà qu'un dimanche après-midi la fée me prend la main, une fée comme toutes les fées, une invisible fée. Je tire à moi une feuille de papier qui traîne sur le formica. J'écris ce qu'il convient d'appeler un alexandrin, puis un deuxième, j'en écris cinq, le dernier presque en apnée, gêné par l'eau des pleurs qui brouille la vision des mots sur le papier. D'ailleurs je vous mets tous au défi de n'être pas émus aux larmes en lisant ce premier poème de ma main, que je vais m'empresser d'offrir à maman. Mère indulgente, femme d'écrivain, esprit voyageur, elle est la mieux placée pour deviner le talent inespéré d'un fils auquel son père annonce régulièrement qu'il sera tôt ou tard un raté. Ma tête sur le billot, un raté, la chair de ma chair, mon sang.

Un raté peut-être, un raté fils d'écrivain, mais un raté lui-même écrivain.

CONSCIENCE

Vous avez retrouvé le seuil de la maison,
Le linteau fléchissant sous la porte murée

Et la ruelle froide aux portes étagées
Qui se creuse et se cache entre les murs profonds.
Échevelé, livide au milieu des tempêtes
Vous vous étiez enfui de devant Jéhovah.
Comme le soir tombait votre père arriva
Il sortait de la tombe, il en sortait tout droit.

— Mon chéri, c'est très… très impressionnant, dit maman. Nous allons le taper à la machine.

Je dicte mon poème à maman qui le dactylographie sur la machine Erica. La machine Erica qui vit passer tous les mots du premier livre de papa, en 1930, un recueil de vers, *Sur la lisière*, éditions La Caravelle à compte d'auteur, la maison du Juif auteur de *Don Juan*. Il s'en vendit sept par souscription. Elle a vu passer les mots de romans tels que : *Un recteur de l'île de Sein*, *Le Journal d'un salaud*, *Le Bout du monde*, *La Fin d'un manoir*. Elle a vu passer les nouvelles de *Pas trop vite, s.v.p.*, que je connais sur le bout du doigt.

— Relis-le-moi, mon chéri. Comment s'appelle ton poème?

— *Conscience.*

— Pourquoi?

— Je ne sais pas. Ça m'est venu.

— C'est ça qui est prodigieux avec la poésie. Elle n'explique rien. Elle vient. Elle est ce qu'elle est. De l'émotion pure. *Conscience*… Tu avais peut-être mauvaise conscience en écrivant ces vers, non?

— J'avais un peu chaud, je transpirais, c'est tout juste si j'arrivais à tracer les mots. C'est comme si une voix me parlait à l'oreille.

— Je pense que tu n'arrêteras plus jamais d'écrire.

— Je pense comme toi, maman... Tiens, je vais allonger mon poème et je le montrerai tout à l'heure à papa.

— Il sera joliment content. Ton père a commencé par la poésie, comme la plupart des grands auteurs. La poésie n'est pas un genre mineur, c'est l'art littéraire le plus exigeant, c'est une soif d'absolu.

Je connais l'absolution, au sens chrétien, au sens gonflant, quand Dieu vous pardonne vos fautes par le prêchi-prêcha d'un homme en noir au confessionnal, mais l'absolu me laisse rêveur.

— C'est la perception, dit maman. C'est l'essence divine dont tout être humain contient une parcelle. De même, le bon Dieu contient la part humaine. Soit la mauvaise part du divin. Le bon Dieu contient tout, le relatif et l'absolu.

Incompréhensible... Aucune importance. Je relis mon poème à maman. Je me sens des ailes, des ailes de mammouth pour ajouter au moins deux autres bouts rimés.

Tu te sentais des ailes au cœur de l'absolu
Mais aussi le regret d'un Bon Dieu inconnu.

— Tu as le sens du rythme, mon chéri. Dès que papa revient du tennis, on lui montre ta poésie.

— Je parie qu'il va le donner à Sven Nielsen pour l'éditer aux Presses de la Cité.

— D'abord, nous allons parler tous les deux, c'est important.

Au sixième, c'est la cuisine, le salon où maman préfère causer avec son fils en buvant du café au lait, cependant qu'une lumière plane, émanant du ciel de Montparnasse, qui nous promet à tous les deux que la Bretagne mystérieuse n'est pas si loin, l'Ouest, que la mer pourrait bien un jour escalader l'horizon crénelé des toits parisiens pour venir clapoter chez nous. Nous y restons cinq minutes, nous y restons des heures, je m'enivre de la fumée des gauloises qui se donnent bonne conscience en n'étant que des demi-gauloises. Allez, une demi-gauloise, la dernière. Une demi-dépendance à la nicotine. Un demi-cancer du larynx. Parfois maman sort se racler les bronches, l'air coupable, et je lui dis :

— Papa a raison. Il faut arrêter.

Elle répond :

— Ce sont des moitiés, mon chéri, presque des mégots. Mais sois sans crainte, je vais arrêter.

Dans les années 1960, les médecins ne dévoilaient pas – et peut-être les ignoraient-ils – les effets dévastateurs de la fumée sur le sang, le cœur, la plèvre, les poumons, sur la vessie des humains acharnés à tirailler des bouifs pour contrer le stress des années atomiques. D'ailleurs, le mot « stress » éclosait à peine aux lèvres des snobinards. Dénoncer le pouvoir corrosif de la clope, un sermon pour justiciers vieux jeu tels que papa, faisait sourire les gens blasés, les grands desperados du tabac considéré comme l'aliment premier d'un cerveau génial, les connaisseurs du genre de l'oncle Marc, prétendument plus au fait des temps modernes, ou si l'on veut modernisés par les fumées d'Hiroshima qui n'en finissaient pas d'attaquer les bronches, le sang, le cœur, la plèvre, la vessie des survivants, leur instinct vital, leur raison, leurs dieux absolus, leur descendance… Maladie, clope, tabac nocif : branlette de chanoine prophétisant verrues et cannes blanches aux jeunes ouailles pratiquant l'autoplaisir en catimini.

— *Conscience* pourrait s'appeler *Inconscience*, mon biquet, tu ne crois pas ?

— Ah çà, non. C'est *Conscience*, maman. Ça m'est venu. C'est comme Victor Hugo.

Maman sait où elle veut en venir, mais contrairement à papa elle tient d'abord à m'épargner la honte et, si j'ai recopié plus ou moins consciemment les mots d'un grand voisin, c'est à moi non d'avouer en tremblant mon larcin, la voix piteuse, mais d'en parler sans que mon sens du rythme ou le désir de mettre à nu mon cœur dans les mots, sans que la fée qui m'a pris la main tout à l'heure en soit offensée. C'est malheureux, bien sûr, que les grands poèmes aient été écrits par d'autres, les veinards de la première heure – les Villon, Régnier, Baudelaire, Nerval, Hugo, Lorca, etc. – et qu'à l'avenir il ne soit plus possible d'oser innocemment griffonner au bistrot *La Femme adultère*, *La Ballade des pendus* ou *Les Djinns*, sauf à tomber sur un lecteur n'ayant lu et retenu en tout et pour tout que le « maître Corbeau » que personne, et moi comme les autres, n'irait fourguer à sa maman comme étant l'arrache-cœur de sa première inspiration.

— Victor Hugo travaillait dur, tu sais. Même lui n'a pas toujours écrit facilement.

— Mozart aussi raturait beaucoup.

— C'est Victor Hugo, ton poète préféré ?

— Trop classique… C'est Baudelaire.

— Pourtant il y a des accents hugoliens dans *Conscience*. Hugo a écrit *La Conscience*, un poème biblique sur Caïn. Tu l'aimais beaucoup quand tu étais petit.

— L'histoire d'Abel et Caïn, j'étais petit... Ce n'est pas de la grande poésie.

— C'est magnifiquement écrit, pourtant. Qu'est-ce que la grande poésie?... Quand tu dis: « Vous vous étiez enfui de devant Jéhovah », on croirait du Hugo, non? De même: « Échevelé, livide, au milieu des tempêtes », c'est du Hugo tout craché. Je pense donc que tu l'aimes beaucoup et qu'il t'influence à ton insu, c'est d'ailleurs une bonne chose, c'est un grand écrivain. Mais peut-être, avant de montrer *Conscience* à ton papa, voudras-tu le relire une dernière fois. Si tu veux bien m'écouter, je te suggère d'appeler *Conscience* autrement, déjà. Et pourquoi ne pas retrancher les éléments par trop proches de Victor Hugo?

— Je n'ai pas remarqué.

— Ne montre pas non plus les deux derniers vers:

Comme le soir tombait votre père arriva.
Il sortait de la tombe, il en sortait tout droit.

Papa, ce jour-là, revint du tennis escorté de M'Bolo, un gardien de cimetière africain d'un noir profond, en bleu de travail, coiffé d'une casquette plate aux armes de Lutèce. « Un Breton, nous dit papa. Un Breton nigérian, un Celte noir comme mon camarade Senghor. » J'ai oublié l'explication qu'il donna sur la généalogie de M'Bolo, qui travaillait à l'excavation des fosses périmées au cimetière Montparnasse où Baudelaire a sa tombe. M'Bolo et lui partagèrent dans la cuisine un casse-croûte jambon-vin rouge, et quand le Breton noir remit sa casquette, légèrement poussé vers la sortie, riche d'une promesse de revoyure à la Trinité, mon père était impatient de lire *Le Monde*, son loisir coutumier avant de regagner son bureau. Ma mère lui bondit dessus comme il se levait du fauteuil de la salle à manger, prêt à dévisser le capuchon du Waterman.

— J'aimerais que tu lises quelque chose.

— Lire, lire, dit mon père exalté par le vin rouge, je sens que des oiseaux sont ivres…

— Quatre lignes de ton fils cadet.

— Celui qui se croit négligé… Il écrit, maintenant. Il dessinait et maintenant il écrit. Écoute, mignonne, j'ai du travail.

— Un poème, Henri, huit vers en alexandrins.

— Nous voilà bien.

Mon père attrapa la feuille dactylographiée. Il regarda maman, l'air courroucé.

— C'est toi qui lui tapes ses œuvres?

— J'ai tapé son poème, en effet. Je ne sais pas ce que tu vas en penser. Personnellement je trouve qu'il y a quelque chose.

Mon père lut du bout des cils. Et voilà ce qu'il lut :

PÉCHÉ VÉNIEL

Vous avez retrouvé le deuil de la maison,
Le linteau fléchissant sur la porte éclatée
Et la ruelle froide aux marches envoûtées
Qui se creuse et se cache entre les murs profonds.
Ébouriffé, exsangue, mi-figue mi-tempête,
Vous aviez pris congé du sieur Caracalla.
La lune se levait, votre père arriva.
Il voulait votre peau, oui, votre peau de bête.
Mon père bocha la tête et souffla.

— Un sale petit plagiaire, dit-il. Un rigolo. Tu ne m'aurais pas dit que c'était lui, ou plutôt pas lui, je l'aurais deviné au premier coup d'œil. Rien de personnel.

— Tu es injuste, Henri. Un hémistiche me plaît énormément. Moderne, classique, surréaliste. Et je suis sûre qu'il est de lui. « Mi-figue mi-tempête. »

— Jeu de mots.

— Jeu de mots inspiré, créatif. Je suis sûre qu'il va nous étonner.

— Il ne m'étonne que trop, dit mon père. Il t'embobine avec ses vers de mirliton qu'il escroque à Victor Hugo. Qu'il commence par lire les journaux, qu'il s'intéresse à l'Histoire. Est-ce qu'il est seulement au courant qu'une guerre mondiale vient d'avoir lieu ? Ça signifie quoi, en 1965, à l'ère du nucléaire, cette histoire de « linteau fléchissant » ?

— Les plus grands poètes ont commencé par dire leurs sentiments. Toi aussi tu l'as fait.

Mon père déchira la feuille dactylographiée.

— Le papier doit lui servir uniquement à faire ses devoirs et à se torcher.

Il m'avait interdit l'usage du crayon à dessin, il m'interdit celui du crayon à poèmes, à prose, à toute écriture échappant aux annotations rouges d'un professeur.

14

CONSCIENCE II

Ta mère est bien ta mère, mon gars,

Ton père est bien ton père, mon gars,

Ta sœur, mon gars, ta sœur est bien ta sœur, on l'appelle Tita,

Tes frères et sœurs, mon gars,

Ton frère aîné qui joue du foot et du piano, mon gars, sur le nez des voisins, sur les seins des voisines, Joëlle, Yannick, Chantal, ton frère aîné qui faillit mourir de primo-infection quand tu vins au monde, mon gars, il est bien ton frère de sang, de lait, ton frère Hervé qui va mal, chute, il a ses photos d'ange blond sur les murs,

Ton frère de sixième étage, ton frère de crachats dans la cour, dans la rue, de bombes à eau, de billes, de blancs d'œuf, de patins à roulettes, de balle au prisonnier, de parc Montsouris,

Ton frère de boulevard Arago, ton frère de terre battue quand il pleut, quand la terre est mouillée, c'est la panique au fond des yeux du père, il nous emmène à Choisy-le-Roi chercher les balles au fond du court, sous la tôle ondulée qui fait sonner les grêlons,

Un remède à l'ennui mortel de se retrouver entre père et fils le dimanche après-midi,

Vêtus de shorts blancs, de Spring Court, avec une soif d'Orangina, de Tango panaché, autre chose que la vie minutée sur l'agenda.

Le père a dit que tant qu'il franchirait le banc de ciment sur l'avenue, tant qu'il le franchirait d'un saut il serait jeune,

Il a dit, le père, il a pensé très fort et très haut qu'il serait jeune aussi longtemps que Dieu le serait aussi, car entre mon père et Dieu l'ombilic est mieux soudé qu'une chaîne d'arpenteur et quelquefois on se demande qui est qui,

De mon père ou Dieu,

Et lequel il faut prier pour s'épargner l'enfer après les péchés.

L'autre jour, ma mère a dit qu'elle ne voulait plus de châtiments corporels sous son toit, pour aucun de ses enfants.

L'autre jour, il a noté sur son grand agenda rouge, à la date du 1er janvier, qu'il me donnerait une fessée à 15 h 05.

J'ai pensé qu'il respecterait les désirs de maman. J'ai bien ri en voyant ce 15 h 05 entouré de bleu marine. Une fessée de moins. Un âge révolu.

Ton père est bien ton père, mon gars,

Le fils de ton père, c'est bien toi, le cadet,

Pourtant tu t'es trompé, mon gars, tu t'es trompé de famille.

*

Il vient le chercher sans cesse boulevard Raspail à 14 h 15. Les parents boivent un champagne demi-sec au salon et dans la salle à manger, macarons, cheveux d'ange, calissons, Paille d'Or, Mlle Gélin dessert en fredonnant dans sa barbe, les enfants ont déballé leurs cadeaux, ils jouent dans la chambre bleue, ils regardent le coffre-fort de grand-père Penau derrière le miroir de la salle de bains qui sent la savonnette sèche, et ton père demande où tu es, mon gars, il arrive, il te dit « bonne année », tu lui dis « bonne année papa », vous vous embrassez.

— On rentre à Montsouris.

— Pourquoi, papa ? Je suis avec mes cousins, on joue.

— Viens avec moi, on rentre à pied, il fait beau, on passera par le cimetière Montparnasse, on s'inclinera sur la tombe de Baudelaire, un homme qui avait le sens du péché.

À mi-parcours, une vespasienne en métal noir Saint-Raphaël où les peintres du dimanche se soulagent et laissent des croûtons dans la rigole, on urine côte à côte contre la feuille d'ardoise, et de mon père je suis séparé par cette ardoise du Menez-Hom qui surplombe l'automne à Douarnenez.

Rien à craindre, penserez-vous, d'un père auprès duquel le fils vient d'uriner en confiance avant la traversée du cimetière Montparnasse. On entre par le boulevard Edgar-Quinet, on croise Baudelaire et quelques autres, on sort par la rue Émile-Richard, on aperçoit le lion de Belfort, on est à dix minutes des ascenseurs du 52 par l'avenue du Parc-Montsouris.

— L'adjectif, me dit papa, c'est lui qui fait l'écrivain. L'adjectif. Charles Plisnier est un bon écrivain, mais il n'a pas le sens de l'adjectif comme l'a Montherlant. Mauriac l'a aussi. Le français est une langue affreusement abstraite qui satisfait les beaux esprits, les forts en thème, les bons en français. L'adjectif le rend vivant, humain. Audiberti, qui est un romancier d'Antibes avec des origines italiennes, est de la classe des Molière ou des Shakespeare, ou des Rabelais, ou de L'Arioste, il rend vivants les mots qu'il écrit, il renforce la langue française par l'adjectif. Langue, style, c'est kif-kif. « Langue » est un mot concret, fiévreux, « style » un mot froid. Victor Hugo, dans *Booz endormi*, écrit d'abord : « Et Ruth se demandait, immobile, ouvrant l'œil à demi sous ses voiles… » Il biffe, il récrit : « Ouvrant l'œil à moitié sous ses voiles… » Il veut charpenter la musique du vers. Valéry écrit d'abord : « J'entends l'herbe des nuits grandir dans l'ombre sainte. » Il corrige : « J'entends l'herbe des nuits croître dans l'ombre sainte »… Audiberti, dans « Veracruz » : « Ce petit qu'il faut qu'on supprime, on le mena devant la croix. » Puis : « Ce petit qu'il faut qu'on fusille. » Apollinaire, grand lecteur d'ancien français : « *Vente l'ore et li rain crollent, qui s'entr'aiment soef dorment.* » Ainsi traduit : « Vente le vent et les rameaux ploient, ceux qui s'entre-aiment doucement dorment. » Apollinaire écrit alors : « Vienne la nuit, sonne l'heure, les jours s'en vont, je demeure. » Est-ce un plagiat ? Est-ce plagier que reprendre le souffle des premiers vers enfantés sur la page d'un trouvère en français ?

— Je comprends, papa, je ne comprends rien.

— La musique avant toute chose, dit Verlaine. Quelle musique? Qu'est-ce que la musique d'une parole d'écriture? Est-ce que la musique est auditive uniquement? Est-ce qu'il existe une musique de l'idée portée par le son?

— Je comprends, papa, je ne comprends rien. Je pense à ma fessée. Je n'aurai pas de fessée. Je suis protégé par Audiberti, par Apollinaire, Victor Hugo, ces gens qui ont tous puisé au même sachet des voyelles une manière de parler à travers l'encre des mots, une manière unique au monde.

— Tu fais des poèmes d'un autre temps, p'tit vieux, il faut avancer. La parole écrite avance vers le futur, elle ne revient pas en boitillant sur les pas de géants moulés dans la glaise des sentiers battus. Une langue neuve, moderne, inusitée avant lui, un cri jamais crié, c'est l'honneur de l'écrivain, ce crieur de silence. « Honneur des hommes, saint langage… » Mallarmé, p'tit vieux, il écrit d'abord : « La chair est triste, hélas », puis : « Aboli bibelot d'inanité sonore », puis : « L'azur, l'azur, l'azur », et Marcel Duchamp, en 1917, n'a plus qu'à montrer aux foules médusées le nénuphar d'une porcelaine hygiénique industrielle qui renouvelle la face du beau. Est-ce qu'on en a quelque chose à fiche du beau quand on écrit? C'est quoi, le beau, pour toi, p'tit vieux?

Il marche à grandes enjambées, j'aperçois les blancheurs du 52 parmi les arbres dénudés.

— Je comprends, papa, je ne comprends rien. Le beau, le beau. Quand je lis les *Nuits* d'Alfred de Musset, je trouve ça beau. Quand je lis *L'Inspiration* de Valéry, je trouve ça beau. Quand ça ronronne, je trouve ça beau.

Quand papa dit : « c'est beau », je trouve ça beau. Quand il dit Saint-John Perse fait beaucoup de bruit pour rien, je préfère à l'ensemble de son œuvre le crincrin d'une gargoulette maya sur un trottoir de Barbès, je sens qu'il a raison.

Je vais à Barbès, j'entends dégoiser les camelots d'Arabie, les mâcheurs de verre, les *adjigouiyoum.*

Je sais qu'il a raison de chercher l'harmonie du beau dans le cœur de l'homme où qu'il batte, ce bloc d'émotion, dans la cage thoracique d'un diplomate à Légion d'honneur ou celle d'un mac de Clignancourt.

— Le beau, dit papa, c'est trois choses. La première : la sincérité. La deuxième : la sincérité. La troisième : la sincérité. Le beau, c'est encore autre chose...

Je sens sa grande main frémir autour de la mienne.

— C'est encore autre chose qui n'est pas la sincérité... Est-ce qu'un coucher de soleil est beau avant d'avoir été peint par Titien ? Est-ce qu'un coucher de soleil vu par Lamartine vaut mieux qu'une carte postale ? L'écriture française doit lutter contre la pente naturelle de l'idiome vers la fadeur, le coucher de soleil, l'ombre des vieux chênes, la musique musicienne qu'Audiberti qualifie de « gluant grillon ». Elle doit lutter contre la lourdeur, son autre pente. Écris avec tes tripes, p'tit vieux, il n'y a que ça de vrai.

Nous passons devant la boulangerie Tombe-Issoire et mon père jette un coup d'œil attendri sur les cygnes à la chantilly qui se trémoussent dans la vitrine.

Il dit :

— C'est ici, p'tit vieux, que j'achète vos cygnes pour le dessert du dimanche. Tu as lu « Le Cygne », p'tit vieux ?

— Oui, papa.

Il ne dit rien. J'ai lu « Le Cygne ». J'ai lu « L'Albatros ». Je sais que Baudelaire, marqué par son voyage aux Mascareignes sur un trois-mâts, est l'ami des grands oiseaux solitaires, vivantes allégories des artistes maudits par la société.

Il ne va quand même pas donner une fessée à un fils qui a lu « Le Cygne », un fils auquel il vient de recommander d'écrire avec ses tripes, un fils qui lui donne la main pour traverser la rue.

Passant devant le café Jean-Bart, il s'arrête, il dit qu'on va boire au zinc un café à la verse, un café qui ne sort pas comprimé du percolateur italien mais d'une honnête cafetière française en métal de bistrot.

— Je me souviens, dit papa, d'avoir bu un café à la gourde d'un GI qui ne voulait pas me laisser entrer dans Brest, en 1945, trois jours après l'incendie. Je ne saurais décrire l'odeur de la ville, ce n'était plus une ville, pas même une ruine, une ville couchée par les flammes. J'imagine que Pompéi ressemblait à Brest après qu'elle eut flambé. Il faisait beau, pas un nuage, pas de vent, la rade brillait au soleil. Je ne saurais décrire cette odeur qui mélangeait l'odeur satanique du feu, l'odeur de la campagne, l'odeur de toutes ces choses arrosées de neige carbonique, l'odeur de voierie livrée à la décomposition, l'odeur de merde humaine, la plus moche de toutes les odeurs du monde avec celle du chien, l'odeur d'océan, de retour à la vie. Des chats n'arrêtaient pas d'aller et venir, d'où sortent les chats qui sillonnent les villes incendiées ? Je me suis appuyé contre le parapet intact, cours d'Ajot, qui domine le port de commerce où gisaient retournés les bateaux brûlés, fracassés, d'autres avaient l'air en bon état, l'odeur du pétrole étalé entre les môles et s'irisant à la sortie du port, et contre la pierre du parapet j'ai frotté ma veste d'étudiant jusqu'à ce qu'elle se déchire et que l'étoffe déchirée se mette à pendre. Une veste avec laquelle mon père avait fait sa communion solennelle à Brest, cours d'Ajot.

Nous arrivons au 52, nous prenons l'ascenseur vert. Papa me laisse appuyer sur le bouton, sixième. Nous nous essuyons les pieds sur le paillasson, la clé tourne dans la serrure, il me dit : « Lave-toi les mains, p'tit vieux », et lui-même se lave les mains.

Quand nous avons les mains propres tous les deux, il m'emmène dans son bureau, s'assied, déboutonne mon pantalon, me couche en travers de ses genoux, baisse mon slip et me donne une fessée de cette grande main droite, si belle, qui cherche la vérité du beau depuis que Brest a brûlé, que les manuscrits de jeune homme ont brûlé dans sa maison brestoise avec les albums de photos, avec les fenêtres qui donnaient sur la rade, tout a brûlé, la mémoire a brûlé, la guerre hitlérienne est décidément la guerre du feu, par le feu, les fesses me brûlent, mon père ahane et frappe, châtie, il s'arrête épuisé, il me dit que je fais beaucoup de peine au bon Dieu, à maman, il m'embrasse au nom du Christ, il me fait des baisers pointus sur le haut du crâne, allez, allez, c'est fini, ma foi t'a sauvé.

Je suis pardonné, chassé du bureau sur ces derniers mots : « MEDITAMINI DE HOC IN CUBICULO VESTRO. »

*

Ta mère est bien ta mère, mon gars,
Ton père est bien ton père, mon gars,
Tu t'es trompé, mon gars, tu
t'es trompé de famille.
Tu lisais beaucoup pour avoir un air de famille.
Tu écrivais tant que tu pouvais
pour entrer dans la famille.
Tu croyais en Dieu pour être le fils de ton père.
Tu étais un mauvais élève, le dernier.
Tu voulais être le premier à la maison.
Tu apprenais tout à la maison.
Un jour tu deviendrais vivant,
Un jour tu serais toi,
Un jour tu l'aurais dans la chair
ta maison d'autrefois,
Ton sixième et ton 52, quand ta mère vivait.

Quand ta mère vivait,

Nous avons vu partir des bateaux qui s'appelaient Guerveur *ou* Guedel, *ils penchaient en mettant la barre à gauche au passage du môle Bourdelle où nous formions une joyeuse bande autour du phare blanc.*

Nous faisions de grands gestes fous vers le Guedel, *le* Belle-Île, *le* Guerveur, *le* Rêve d'été, *le* Cambronne, *le* Pen-Men *qui s'éloignaient de nous comme si c'était pour toujours.*

Et ce fut pour toujours.

Et c'est toujours pour toujours que le bateau corne au passage des môles, abandonnant au vent du sud un adieu qui finit toujours par avoir un sens.

Le 15 juillet 1964, elle a dû regagner Paris pour une mammographie, mais ça tu n'en savais rien.

Le 31 juillet 1968, elle a pris le Guerveur *pour une chimio à la Pitié-Salpêtrière, et l'on a dit…*

Qu'est-ce qu'on t'a raconté que tu t'es empressée de gober pour couper à l'intimité tragique du pire ?

Le 31 juillet 1968, le dernier bateau, le dernier horizon bleu, là-bas, là-bas, là-bas, juste l'horizon bu par l'azur.

15

Arriva au sixième une lettre que j'interceptai, la prenant pour mon bulletin scolaire et soupçonnant M. Clocheau de m'avoir saqué malgré les bons offices de maman.

Août 63

Mon cher Kef,

*Voici votre ami du CNC qui vient à vous – tout fier de ce que vous lui avez dit à propos des « cigarettes ». Ne me laissez pas aller à douter de la merveilleuse urgence de mes grands vers arrêtés sur un secret compact plus fort que l'évidence. Cependant, pour vous plaire, à vous comme à Jean Paulhan, je donnerai le plus de gages que je pourrai au mouvement. Je suis d'un autre temps. Je marcherai avec mon temps, le temps des hommes, mon cher Kef, l'humanité, l'*Homo sapiens, *l'*Homo technicus, *l'*Homo atomicus, *votre cheval de bataille, cette chose bleue. J'y monterai. Elle marchera pour moi. Dites-moi, Kef, que Dieu me vienne en aide. L'huissier est venu hier pour saisir mes meubles. Ça n'a rien de grave, mais enfin… Il faut évidemment que je sois* *fou pour être ce poète, cette chose hors du temps. Mais aidez-moi, vous qui connaissez du monde, le monde, le monde en son temps. Il faut que* Septième *ait le Goncourt. Mais je n'ai pas assez d'argent pour le faire taper. Taper un manuscrit, quelle image !... Accepteriez-vous de lire* Septième *sur mon manuscrit qui est aussi lisible que cette lettre ? Voulez-vous me rendre ce service d'amitié ?* Septième *vous plaira,* Septième *aurait pu s'appeler* La Chose bleue.

Je n'ai pas d'argent parce que j'en ai peu et que je le gaspille. Je lutte, à coups de taxis et à l'aide de cette chambre du Dragon, pour le temps, pour la liberté, pour l'honneur humain et l'orgueil divin de faire des poèmes. Enfant professoral, mon cher Kef, comme vous, enfant père de famille, comme vous, héros ou cornichon, en tout cas dédoublé. Je voudrais ne pas céder.

Je veux arriver à vivre de la certitude d'écrire. Septième *doit réussir, avec ses femmes et sa harpe. Je vous laisse, je retourne le recopier. Il faut que mon nom devienne profitable aux uns et aux autres, à Gallimard, à la Terre, à mes amis dont vous êtes, mon cher Kef, grâce à mes « cigarettes » sans fumée, sinon sans feu.*

À Dieu.

Audiberti

16

Comment rendre à César la lettre détournée ? Je ne la rends pas. J'en fais un marque-page dans mon grand cahier rouge de poèmes qui me sert également à dessiner les profs que je dénude pour me moquer d'eux (M. Clocheau) ou éprouver un plaisir de libido (Mlle Tacheix, Mme Nercissian, professeur de musique) ; qui me sert également à coucher la pensée politique d'un fils de romancier chrétien d'après-guerre, ami du progrès, conservateur, socialo-rétro façon Judah Ben-Hur (le biceps saillant), dressé par les dames de catéchisme à la compréhension d'un monde inégal où l'on gagne ses points paradisiaques en aimant les autres, les ouvriers, les petites gens – les fils d'ouvriers, de femmes de ménage, d'indigents logés à la cité du Souvenir, ceux qui disent « manger » pour « déjeuner » ou « dîner » et ne tutoient jamais Pompidou, Senghor ou Gracq dont ils n'ont d'ailleurs jamais entendu parler, pas plus qu'ils ne connaissent la rue d'Ulm ou les décors de l'hôtel Matignon par Boucher.

Fouillant sur la table de papa, une jungle de paperasse, je trouve un poème au crayon intitulé « Vera

Cruz » que j'insère tel quel dans mon cahier rouge. Il y est toujours.

VERA CRUZ

Ce petit qu'il faut qu'on fusille
on le mena devant la croix.
Cigarettes, blancheur de fille,
il tira de sa poche, trois.

Une, il la mit à son esgourde,
l'autre à sa lèvre, et puis en l'air
il jette son chapeau qui tourne
comme le soleil du désert.

La troisième soit une sainte,
sur le calvaire il la perdit.
C'est elle qui poussa la plainte
puisque les hommes n'ont rien dit.

Et moi qui, lisant la lettre d'Audiberti, voyais dans les « cigarettes » une allusion sibylline aux demi-gauloises de maman.

Après ça, je me passionne pour l'œuvre d'Audiberti, je mets la main sur un poème aussi beau que « Vera Cruz ».

Si je meurs qu'aille ma veuve
à Javel près de Citron.
Dans un bistrot elle y trouve
à l'enseigne du Beau Brun

trois musicos de fortune
qui lui joueront – mi ré mi –
l'air de la petite Tane
qui m'aurait peut-être aimé

puisqu'elle n'offrait qu'une ombre
sur le rail des violons.
Mon épouse, ô ma novembre,
sous terre les jours sont lents.

Audiberti me donne des frissons.

17

Mollesse apparente des années 1960, excepté le martyre des fessées. De moi je garde le souvenir d'un adolescent tenaillé par une faim sexuelle de chaque instant qu'il se croit seul à éprouver. Enfant, adolescent, j'ai faim. J'imagine les filles et j'ai faim. Je me dis que jamais je n'assouvirai ma faim. Rien ne me paraît aussi attrayant que le sourire charnel des filles dans les rues, au catéchisme, au cinéma, dans mes rêves la nuit. Le sourire, le regard, l'odeur des filles brûlent mon sang jour et nuit.

Qu'est-ce que le réel? Je n'en sais rien. Je m'en fiche. Je n'y pense jamais. Qu'est-ce que l'histoire? Une poignée d'images à sensation, oubliettes, échafaud, vase de Soissons, baignoire de Marat, scrofuleux. Serrures de Louis XVI, œuf de Christophe Colomb. La politique? C'est papa. Il parle et nous avons gagné la guerre à Verdun. Et nous aurions battu Hitler si Gamelin n'avait pas été un estomac sur pattes. Et nous avons fini par le battre quand de Gaulle et Leclerc sont arrivés bottés et casqués sur le terrain. Il parle, et la France est avec l'Angleterre le plus beau pays du monde à condition de bien voter, de voter pour le bien. L'Allemagne est un sacré pays. Astucieux, les Allemands, courageux, grugés par les fanatiques du svastika. Le peuple le plus intelligent de tous, probablement.

Que sais-je à douze ans non de la guerre, mais des événements d'Algérie? Encore une image d'Épinal. De jeunes Malbrough s'en vont en guerre et reviennent sains et saufs, hâlés, mincis, un chapeau de brousse replié sur l'oreille. Il en est qui ne reviennent pas. Il en est qui traitent le Général de salaud, de fumier, de criminel. Au sixième on l'aime bien, le Général, on est sûr d'avoir raison comme on est sûr que l'hostie du dimanche est prélevée sur la chair de Dieu.

Le fils des Chaintron, nos voisins d'en face, est mort vers Blida. C'est bien malheureux, la mort, ça frappe les voisins. Installé sur un tabouret dans l'entrée, je regarde par le trou de la serrure les amis et parents des Chaintron sonner chez eux. C'est M. Chaintron, chaque fois, qui ouvre la porte, et j'admire qu'il pleure autant. C'est du vrai chagrin, visiblement, pas un chagrin d'Épinal, j'en suis tout remué. Pour un peu j'ouvrirais la porte à mon tour et je dirais : « Condoléances, monsieur Chaintron », mais je suis intimidé par la mort, c'est la mort que j'épie dans le trou de la serrure, j'ai peur d'attirer son attention. Quand on est petit, on accorde beaucoup d'importance à la mort. Ensuite on la hait à cause des gens qu'elle supprime chez vous. Elle fait partie de la famille et on la hait.

Un affamé, donc un obsédé. Un malheureux obsédé. Il regardait ses frères et sœurs. Ils n'ont pas faim, pensait-il, ils n'ont pas cette honte qui est en moi de vouloir contempler nue la chair de mes cousines, de mes tantes, la chair des amies de ma sœur, des voisines, de la nouvelle concierge ou de sa fille Huguette qui apprécie mes dessins et poèmes et qui fréquente un Noir, chose ahurissante à l'époque, la chair de Mlle Tacheix que j'ai suivie boulevard Pasteur jusqu'au café L'Igloo, à l'angle de la rue Lecourbe, à côté des autos tamponneuses, et du boulevard Garibaldi. Je l'ai vue boire un lait fraise avec une paille et j'ignore pourquoi cette vision m'a rendu mélancolique.

La chair secrète des filles, jeunes, vieilles, creuse dans mon sang des appétits à ne plus dormir. Un vrai malheur de honte et d'effroi corporel, indicible au confessionnal. J'observe mes parents. Ils n'ont pas faim. Ce sont mes parents. Ils n'ont pas besoin de voir nue la chair d'autrui. Mon père me tuerait s'il savait ça, il me regarderait et j'en mourrais foudroyé.

Chaque soir, m'endormant après divers *oremus*, le même épisode où j'ai l'impression d'être vivant, à L'Aber-Ildut, le village enchanté sur la mer d'Iroise, une ruelle obscure entre les maisons monte vers les champs à perte de vue, la dernière est la boulangerie séparée du fournil par un jardin sans fleurs où les poules picorent des éclats d'huîtres et d'araignées marines, des pinces de crabes, émettant leur insoutenable odeur de merde à travers l'odeur du pain chaud qui vient du fournil, et dans une lumière planante Lilian apparaît vêtue d'une blouse en coton rose foncé. Elle a douze ans, elle est la fille des boulangers, aussi jolie que son frère est laid, les paumes crevassées d'eczéma, elle porte à deux mains une gamelle de mouillettes trempées de lait pour les poules, et l'on entend les « floc » sourds du lait sur le métal. Elle s'arrête un instant pour jeter un coup d'œil au crépuscule opalescent qui s'éternise à l'horizon, elle secoue sa blonde crinière en un geste bizarre, ensorcelant, puis s'accroupit au milieu du jardin et commence à lancer des mouillettes, accroupie sur les talons, offrant aux volatiles rachitiques le spectacle de ses jambes nues, de sa blouse entrebâillée, et ma concupiscence ne sait plus de quel avatar s'incarner pour se dérouler sous le grillage et progresser avec une hâte serpentine – langue, tentacule, groin frémissant jusqu'à cette oasis de chair de fille – et se changer en moi-même au dernier moment, libre de toucher, manger, à vous d'imaginer la suite.

Adolescent, je n'ai jamais aimé parler du tourment sexuel avec mes copains, ni de plaisir ni des filles. Et pourtant j'en ai parlé très jeune à quelqu'un, ma mère, créature pudique, subtile, secrète, nullement préparée par son éducation à conseiller un fils dans un domaine aussi troublant, presque aussi mystérieux pour elle que pour moi. C'est d'ailleurs maman qui m'en a parlé, en juillet 1963, à L'Aber, un soir où je m'ennuyais mortellement sur la théorie des ensembles.

— Est-ce que tu vas bien, mon biquet?

— J'ai mal à la nuque, maman.

Autour de nous, c'était la chambre de mes parents, vaste pièce où l'on parlait bas, où l'on chuchotait, séparée de la chambre de mes grands-parents par les planches peintes en blanc d'une mince cloison percée d'une porte vitrée, condamnée, elle aussi peinte en blanc, ne laissant filtrer que des voix prudemment assourdies. D'un côté le parfum des gauloises, de l'autre celui des Boyard maïs de mon grand-père, après 1962, fumées au bout de longs fume-cigarettes en verre de

Murano, calumets soufflés spécialement pour lui dans cette île du Rialto. Maman essaya le Denicotea, le bout-filtre, et revint au plaisir adultère de sa chère demi-gauloise qui désespérait mon père, lorsqu'il la surprenait mégotant nerveusement dans la cuisine avec moi.

— J'aimerais sortir ce soir.

— Tu es beaucoup trop jeune pour sortir à la nuit tombée. D'ailleurs, ton père l'interdit. Tu n'auras qu'à jouer au ping-pong avec l'oncle Marc.

— Il faut que je sorte, maman.

— Demain nous allons aux îles en bateau avec un pêcheur de Lampaul. Tu as besoin d'une bonne nuit de sommeil.

— Je rentrerai tôt, j'ai promis à mes copains d'y aller.

— Eh bien, tu n'iras pas. J'aimerais bien savoir qui sont tes copains.

— Des copains.

Devant moi le cahier jaune à ressort où ma mère a dessiné les différents types d'ensembles et de sous-ensembles flous, univoques, bivoques, auxquels je suis incapable d'appliquer mon attention sans ressentir un malaise dans l'épine dorsale.

— Tu vas entrer en troisième et tu es nul en mathématiques. Tu n'as qu'à t'en prendre qu'à toi. Je t'avais bien dit que tu devrais beaucoup travailler pendant les vacances si tu n'avais pas la moyenne.

— Je vais travailler, maman, laisse-moi sortir.

C'est une chaude soirée d'anticyclone, les fenêtres sont ouvertes et l'air sent bon, il sent la campagne et la mer, on entend des voix et des rires, et des rires de mouettes, le tralala des petits oiseaux qui dévorent les fraisiers du jardin d'Édouard en face de chez nous, tout un brouhaha dominé par le métronome acharné d'une balle de ping-pong bondissant d'une raquette à l'autre en attendant que le destin prenne parti, le temps semble figé comme la mer entre flux et reflux.

— J'ai dit à ton père que tu aurais un été studieux, c'est important.

— Papa est parti sur le *Duc d'Aumale* à Terre-Neuve, il revient en septembre, j'ai le temps de travailler d'ici là.

Maman s'approche de ma table, elle me caresse la tête, un peu comme on caresse la tête d'un bon chien, elle enlève sa main.

— Peut-être, me dit-elle alors d'une voix lente, peut-être as-tu des besoins physiques de jeune homme ?

Je reste silencieux.

— Est-ce que c'est cela, mon chéri ?

C'est idiot, je ne comprends pas sur le moment ce qu'elle veut suggérer par « des besoins physiques de jeune homme ». On est en 1963, un gaullisme bien-pensant situe la libido chez les tabous inaliénables, comme la sûreté nationale. Les bordels n'ont pas survécu à Marthe Richard, mais l'esprit bordel tient bon et le cuissage a lieu comme il peut, comme il a toujours eu lieu, bonnes, voisines, filles de joie, ça racole en pleine ville, plein Paris, au gré des beaux et mauvais quartiers, du haut des Champs-Élysées jusqu'à la rue Jules-Chaplain, vers Montparnasse, à deux pas des brasseries chics, le Dôme, la Rotonde, ça fait grâce au Boul' Mich', ça repart au fil du Sébasto qui fut aussi le Topol, longeant la rue Saint-Denis jusqu'aux gares de l'Est et du Nord où les belles se tiennent debout côte à côte, au pied des meublés, elles n'ont qu'une jambe sur deux, ou qu'un œil, la bouche trouée, blondies à blanc, du léopard simili sur les os, des oripeaux lamés sur des mamelles de cocagne, elles mangent l'andouillette laïque à midi au café du coin – Bomaire, Terminus, Colmar –, on les attend rue des Petits-Hôtels où, depuis 93, la radasse a les orteils durillonnés par le raide escalier qui monte aux alcôves, aux bidets aromatisés foutre-et-tabac, un nirvana de grand fonctionnaire et de lycéen venu perdre ses pas à l'ombre des angles morts, chez les fées qui se laissent baiser à la sauvette, pour une pincée de fric républicain et quelquefois gratis, de bon cœur. Le service militaire par là-dessus, le bougre est un homme dessillé, déniaisé, bon à marier. Et « sexualité » reste un mot que l'honnête mère de famille se fait un devoir d'ignorer jusqu'à la toute fin. « Sexualité », cette liturgie des sens que l'on s'imagine éclaircir en la divulguant.

— Peut-être, dit maman, peut-être dois-tu voir un médecin.

— Je suis malade?

Je ne sens pas maman gênée, mais attentive à chaque mot qu'elle dit.

— Bien sûr que non, mais tu grandis. Tu es en âge de t'intéresser aux filles, il faut peut-être en parler.

— Mais pourquoi un médecin?

J'aperçois maman sur le côté, debout devant l'armoire à glace, et j'aimerais savoir ce qu'elle pense alors. Elle pense que les murs ont l'ouïe fine, le cœur battant, le sang lourd, et que sa mère a toujours voulu savoir ce qu'elle pensait, l'a toujours espionnée derrière les cloisons, suspectée.

Un médecin, quelle folie. Le soir même, je suis attendu à Porz-Meur par des campeuses qui m'ont invité à manger du riz à la belle étoile, des jumelles à taches de rousseur. C'est leur première nuit sous la tente, leur première casserole de riz dans l'intimité d'un bivouac dressé dans le jardin familial pour la nuit des Perséides. Les parents sont des couche-tôt. Si la lune est claire à minuit, on ira se baigner.

— Pour te faire examiner, pas pour te soigner.

Je comprends mal ce qu'elle dit ensuite, quelques syllabes à la diable à travers les brouillards d'une éducation perdue entre la chair lacérée du Christ et ce désir de jouir des sens que le péché multiplie sous la peau des chrétiens. Le mot « médecin » revient par deux fois et par deux fois celui de « glande »... Qu'est-ce qu'elle entend par là ? Que sait-elle du corps d'un homme, d'un mâle, à part qu'il contient le feu du désir ? Je me souviens d'une doctoresse me palpant les bourses à la communale, les palpant aux autres écoliers qui faisaient d'abord « ah, ah » d'une gorge nouée par la spatule de bois. Était-ce un si grand mystère, pour les femmes de l'époque, l'attirail masculin, qu'elles avaient besoin d'un homme en blanc pour laisser un gosse de bientôt quatorze ans faire un tour à la belle étoile ?

Un jour, je verrai maman souffrir au sixième et dans ses yeux je lirai : « Va-t'en, et je m'en irai. » Bouleversé dans le foutoir de ma chambre, qui répond du foutoir de mon âme, je me souviendrai du soir où je désirais aller manger du riz à l'eau entre deux filles qui portaient à la plage le même bikini rayé rose et gris, affichaient le même sourire, laissaient les mêmes empreintes alignées tels des rails dans le sable mouillé, en marchant vers l'horizon main dans la main, aussi relâchées que les déesses d'Homère au soleil, à la fois corrompues et immaculées, vierges et mères de guerriers et d'hommes faits.

Maman frissonne de tous ses membres au milieu du couloir, elle ploie la tête, les cheveux en bataille, le visage crayeux de peur, incapable de relever son dos brisé net. Une seule impression me submerge quand je m'avance, ses yeux noisette et la façon dont son regard effrayé s'empare du mien pour se détourner aussitôt.

— Mais qu'est-ce que je vais dire à ta grand-mère, fait maman entre haut et bas.

— Je rentrerai tôt.

— Je suis faible avec toi. Ta grand-mère m'en veut. Je m'en fiche, mais nous sommes chez elle ici.

— Je m'éclipserai après le dîner, maman. Je serai là pour 11 heures au plus tard. Je passerai par la grève.

— Je ne suis pas faible, n'imagine pas ça.

— C'est toi qui as raison. Je ne fais rien de mal, je vais manger du riz sous la tente du fils Marzin.

— Tu ne monteras sur aucun vélomoteur?

— Juré, maman, à 11 heures je suis là.

— C'est beaucoup trop tard, dit-elle d'une voix sévère, tu perds la tête. Ta grand-mère en ferait une maladie. Elle nous jetterait dehors et elle aurait bien raison. Un gamin de treize ans ne rentre pas à 11 heures du soir.

Le ciel me tombe sur le crâne, elle a changé d'avis.

— Je t'en supplie, maman.

— Tu n'auras qu'à dormir sous la tente du fils Marzin. Sois bien à l'heure demain matin pour ta leçon d'anglais avec l'oncle Marc.

— Merci, maman.

— Ce n'est aucunement de la faiblesse, je ne sais pas ce que c'est. Tu sortiras quand tu m'auras récité la théorie des ensembles.

Parfois, avec ma sœur Anne que nous appelons Tita, repensant à maman disparue tout à l'heure, il y a des milliers d'années, nullement disparue, nous jouons à lui trouver le bémol d'un vrai défaut qui nous aurait échappé de son vivant.

— Peut-être l'idéalisons-nous avec le temps, dis-je du bout des lèvres, nullement convaincu.

— Ah ! dit ma sœur, j'ai trouvé. J'ignorais tout du cycle féminin quand la nature est venue à moi, sur mes douze ans. Maman aurait dû me préparer à ce choc.

— Objection, ma sœur. Songe à l'éducation qu'elle avait reçue, à cette peur panique de la féminité que grand-mères, arrière-grand-mères inculquaient aux filles avec l'aide des Saintes Écritures. La loi chrétienne obligeait les filles à se dévêtir dans l'obscurité. On les corsetait pour que l'émotion leur coupe les jambes et toute envie d'être émues. On les mariait contre leur gré, on les livrait ignorantes à la fringale d'un mari qui leur faisait l'effet d'un psychopathe et, quand l'enfant paraissait, on célébrait à l'église un office de purification pour laver la pécheresse du désordre moral de l'accouplement. Pas étonnant que maman, mariée, ait mis sept ans avant d'oser tomber enceinte, à la fois bonheur de femme et désaveu public d'une éducation. Rappelle-toi comment tante Sabotte et Moineau accueillirent la nouvelle. Je ne suis pas sûr que maman ait jamais employé le mot « règle » autrement que dans le sens de « férule, châtiment ». Sans paroles, elle ne s'est jamais gênée pour me faire comprendre que je n'étais en rien fautif de ce que j'éprouvais en regardant les filles. À propos, sœurette, j'ai désiré toutes tes copines, tes copines jolies, Christine Coste, Marie-Claire Soustelle, Martine Auduit, Yannick Dupuy, Liliane Perhirin, Sylvie Postel-Vinet.

Je récite à maman la théorie des ensembles. Elle referme le manuel *Un collège de professeurs* de chez Magnard.

— Tu sais, mon chéri, j'étais très amoureuse d'un homme avant ton père.

— Grand-mère l'a su ?

— C'est elle qui me l'a dit. Je n'arrivais pas à dire le mot.

— Tu aurais voulu l'épouser ?

— Avec délices.

— Et alors ?

— Ta grand-mère n'a pas voulu.

18

Le jour où Sabotte et Moineau apprirent que maman attendait un enfant.

Maman suivait la grande allée des tilleuls. Le chemin descendait à la rivière de L'Aber. Elle passait une robe blanche, elle était heureuse pour la première fois de sa vie. « Je suis enceinte, pensait-elle, c'est sûr, je suis enceinte... » Elle exultait. Elle avait trente-six ans et depuis sept ans elle désespérait d'être mère après avoir désespéré d'épouser un homme qu'elle aimait.

Le soleil déclinait, les chauds rayons rasants arrivaient ombragés par les branches basses des tilleuls au loin, la rivière luisait dans l'anse du Guer-Bihan, envahi par la marée haute. On avait dit à maman qu'elle trouverait là-bas Sabotte et Moineau parties se baigner avant le dîner.

— Elles sont au courant, mais si tu leur dis toi-même elles seront flattées. Elles n'ont pas eu ta chance.

Sabotte et Moineau avaient perdu leur fiancé dans l'expédition navale franco-britannique des Dardanelles. Depuis, aucun autre fiancé ne s'était présenté. Abstinence, bénitiers, dominos.

Passé la barrière au bout de l'allée, maman vit Sabotte et Moineau s'affairer sur la grève autour d'un feu qui faisait beaucoup de fumée. Elles n'étaient pas seules, il y avait aussi la vieille grand-mère Bodet immergée dans un fauteuil de camping vert, ses deux cannes en travers des genoux.

— Ah, dit Sabotte en embrassant maman, tu dois être heureuse, ma chérie.

Elle avait les joues rougies par le feu, des mèches en travers des yeux.

— Ma chérie, dit Moineau, quand je pense à tous les cierges que j'ai brûlés, à toutes mes prières à saint Antoine.

Elle tenait un livre qu'elle balança négligemment dans un feu qui semblait brûler à contrecœur.

C'est alors que maman remarqua la brouette remplie de bouquins et même de vieux bouquins reliés plein cuir. Elle attrapa une édition originale des tragédies de Voltaire parue en 1785 à la Société typographique de l'Imprimerie littéraire. Elle lut machinalement deux ou trois vers d'*Olympie*.

— Attendez, dit-elle, qu'est-ce que vous faites ?

— Auto-da-fé ! claironna Moineau d'une voix rieuse. Auto-da-fé !

Elle voulut prendre maman dans ses bras, l'entraîner à danser.

— Ces livres proviennent de la bibliothèque de papa, il…

— On sait, la coupa joyeusement Moineau, on sait tout sur la famille et sur toi, ma bichette. Sur toi, on ne sait que de belles choses depuis ta naissance, et ça n'est pas maintenant que ça va changer. On sait bien que ton père, l'oncle Henry, a offert sa bibliothèque de L'Aber à Henri, ton mari. Mais avant qu'il en prenne livraison par la Sernam, on en chasse le mauvais œil…

— Je ne sais pas si nous sommes tes anges gardiens, dit Sabotte, mais il est de notre devoir de protéger ton âme, et maintenant de protéger celle de notre petit-neveu ou petite-nièce. Il aura besoin chez vous de livres convenables, on ne veut pas que lui tombent sous les yeux des choses grossières qui pourraient le bouleverser.

— Vous brûlez les livres ? Les livres de papa ?

— Nous brûlons l'ivraie, le chiendent, nous terrassons le dragon, nous immolons la bête.

— Depuis le temps que j'attendais ce moment, fredonne alors grand-mère Bodet, *alias* grand-mère de L'Aber.

Elle a quatre-vingt-dix ans, plusieurs mentons poudrés, elle ne peut plus se déplacer que de quelques pas, arc-boutée sur des cannes. On la promène en brouette, en carriole. Chaque soir, maman se met au piano pour elle et lui chante une chanson d'autrefois, l'âge d'or où les auteurs dégénérés n'avaient pas accès aux maisons de bon aloi. Elle passe le temps, ses petits ciseaux de brodeuse à la main, épurant les livres, découpant proprement des phrases qu'elle a d'abord soulignées au crayon rouge. À la Bible elle préfère l'*Imitation de Jésus-Christ* qui châtie d'office les couplets douteux sur l'amour humain. Quand nous nous croiserons sur la terre, après 1949, elle m'aimera beaucoup. Je serai officiellement son videur de seau, besogne exaltante à mes yeux d'enfant qui veut déjà se faire aimer des grands. Chaque matin, à mon réveil, le seau de grand-mère de L'Aber m'attend sur le palier de sa chambre et moi seul en soulève le couvercle d'émail bleu ciel pour le déverser dans la lunette des waters du jardin reliés directement à l'oscillation des marées, la chasse d'eau big-bang actionnée par la lune, autrement dit par le bon Dieu lui-même. Elle ne s'embête pas, la grand-mère, entre le bon Dieu et moi, chaque matin. Elle meurt un beau jour, je pleure, la mort fait pleurer. Grand-mère est montée au ciel en planant, son seau d'émail à la main. Elle avait quatre-vingt-dix-huit ans, moi cinq. Je l'aimais, j'aurais pu l'épouser. Nous aurions été heureux.

— C'est une honte, dit maman révoltée. Éteignez-moi ça tout de suite. Brûler des livres!

— Voltaire, ma bichette, un agnostique.

— Les deux Henri ne vous le pardonneront jamais.

Henri, Henry, mon père et mon grand-père.

— Ne t'énerve pas, pense au bébé. La fraîcheur est tombée, viens près du feu.

Maman se saisit d'une canne de grand-mère et repoussa les bouquins hors du feu, cinq volumes noircis et fumants, aujourd'hui en lieu sûr dans ma bibliothèque, avec leurs cicatrices de grands brûlés. Si leur tranche inférieure ne semblait pas avoir été grignotée par une bête aux dents noires, je n'aurais sûrement jamais lu spontanément *La Henriade* ou *Olympie*.

Maman réinstalla grand-mère dans la brouette au milieu des livres impies, la gronda, promit de lui confisquer ses ciseaux la prochaine fois qu'elle abîmerait des œuvres d'art, elle traita Sabotte et Moineau de grenouilles de bénitier, laissa les bouquins refroidir sur les galets au vent du sud, et l'on remonta cahin-caha vers le manoir de Kervaly.

Plus tard, maman voulut faire dire à grand-mère ce qu'elle avait lu de si terrible chez Voltaire qu'elle ait pu désirer l'immoler par le feu comme jadis les apostats.

— C'était les hérétiques, bichette, pas les apostats.

— C'était n'importe qui, grand-mère, il suffisait qu'une fille eût un joli minois pour qu'on la jette aux flammes.

— Jeanne d'Arc a fini sur le bûcher comme laps et relaps…

— Mais Voltaire, grand-mère, pourquoi brûler Voltaire, qu'est-ce qu'il t'a fait? Ces livres anciens coûtent une fortune.

— Le prix d'une âme est bien plus élevé. Pardonne-moi d'avoir pensé à ton bébé. Je suppose qu'il sera baptisé, qu'il entrera dans la communauté chrétienne.

— Dis-moi ce qu'il avait écrit.

— Tu es la dernière personne à qui je le dirais. Tu as déjà eu assez de mal pour attendre un enfant. Hélas, je ne serai plus là pour l'assister dans ses lectures, mais de là-haut je lui enverrai quelques bons coups de canne si je le surprends à lire des cochonneries.

— Tu as encore de nombreuses et belles années à vivre, grand-mère, j'en suis sûre, et cet enfant sera heureux d'avoir une grand-mère telle que toi.

— Si c'est une fille, je veux qu'elle aille à Bon Secours, puis à la Légion d'Honneur jusqu'à sa majorité.

À la mort de grand-mère de L'Aber, qui trépassa la nuit après avoir par deux fois appelé ma tante Jeanne, sa fille cadette, fut retrouvé dans les entrailles d'une vieille babouchka – poupée centenaire aux couleurs défraîchies – le butin maléfique des phrases volées à des livres qui avaient franchi la Révolution, deux guerres mondiales, humé les miasmes d'Hiroshima, essuyé la tempête en mer, pour endurer les sévices d'une vieille ingénue assoiffée d'Immaculée Conception, ensemencée quatre fois par un époux qu'elle se rappelait avoir estimé.

Maman déroula quelques papillotes de ces extraits maudits et lut :

Dans le flanc de ma mère, une guerre intestine.

Alexandre VI fut accusé d'avoir abusé de sa propre fille.

Il y a chez les gélinottes une admirable proportion à perpétuer l'espèce.

Enfin, daté du 7 juillet 1946, jour où lui fut confirmé qu'elle attendait un enfant :

Au printemps, les chèvres mirent bas leurs petits.

19

25 octobre 1965

À M. le commissaire divisionnaire E. Blandin

Nous, soussignés, Dupuys, Chaintron, Vial, Strouzer, Leroy, Trarieux, Bronssein, Œstrich, constatant que la police de quartier n'a pas mis fin à la pratique illicite du piano chez Queffélec, au sixième étage du 52 avenue du Parc-Montsouris, sommes résolus à porter l'affaire en justice pour contraindre les Queffélec à déménager.

Non seulement Mlle Queffélec (Anne) continue de jouer à pas d'heure, mais il semblerait qu'elle en ait fait son métier car c'est à peine si elle dit bonjour dans les parties communes. La prétention des Queffélec fait qu'ils se croient au-dessus de tout règlement communautaire. M. Queffélec met un point d'honneur à ne jamais venir aux réunions des copropriétaires, à froncer les sourcils quand on essaie d'aborder avec lui des questions concernant par exemple le hall d'entrée où des glaces murales seraient d'une grande utilité, notamment pour le standing de l'immeuble qui laisse à désirer.

En outre, des incidents sont à déplorer, comme si les fils Queffélec cherchaient à nous intimider. Très proches des Nathan du neuvième, ils voient beaucoup leur fils Michel qui a des problèmes psychologiques depuis sa naissance, même si les parents soutiennent que non quand on leur demande gentiment ce qu'il en est. Le père aussi a des problèmes psychologiques, mais lui c'est assez compréhensible du fait qu'il vivait caché sous un faux nom pendant l'Occupation. L'autre soir, un clochard du nom de Montefiore a dormi toute une nuit dans l'ascenseur vert qu'il a fallu désinfecter en grand après son départ. Il s'en était servi comme de latrines publiques. Il a dit aux agents que des amis haut placés dans l'immeuble l'avaient assuré qu'il pouvait considérer cet ascenseur comme un asile de nuit et qu'il pouvait même y faire ses besoins le cas échéant. Les amis de M. Montefiore sont les fils Queffélec et Nathan.

Ces derniers se conduisent mal avec Mme Racinet, la nouvelle concierge du 52, qui a succédé à Mme Lévêque au début de l'année 1964. M. Racinet, son époux, étant veilleur de nuit dans un parking, il dort le jour et les fils Nathan et Queffélec en profitent pour frapper à la loge à tout bout de champ les samedis et dimanches. Ils veulent tout simplement se moquer de Mme Racinet qui demande juste qu'on la respecte un minimum, chacun ayant le physique qu'il a, et la corpulence d'une femme de quarante ans pouvant lui occasionner un complexe majeur en présence de gosses mal élevés lorgnant outrageusement sa poitrine. Qu'elle en parle à M. Racinet et ils vont moucher rouge.

Monsieur le commissaire, il y a aussi beaucoup à dire à propos du vide-ordures qui est le théâtre d'incidents dont il y aura lieu de parler au tribunal, la police de quartier s'étant jusque-là contentée du procès-verbal du 26 février 1961, lequel quatre ans plus tard est resté sans suite.

Conformément aux dispositions législatives, la copropriété a fait vitrifier à ses frais pour raisons d'hygiène le maître-boyau du vide-ordures, et M. Queffélec s'est fait tirer l'oreille pour sa quote-part. Le syndic a même reçu de Mme Queffélec une lettre injurieuse pour les copropriétaires accusés de voter des travaux inutiles en leur absence.

Quoi qu'il en soit, le 03/11/64, tout le monde a pu constater que le vide-ordures était bouché du neuvième au cinquième, et ce en dépit des précautions d'usage affichées dans le hall des ascenseurs, et où il est expressément défendu de jeter à la poubelle autre chose que des ordures ménagères volantes. Or, Mme Racinet ayant tenu à passer le furet elle-même en partant du neuvième, est arrivée au prix d'un gros effort à dégager le boyau qui était engorgé du sixième au neuvième, mais les Queffélec ont nié. Mme Racinet a néanmoins récupéré dans la poubelle collective en bas, sous l'orifice du vide-ordures, une chaussure de haute montagne gauche, pointure 41, à lacets rouges, mais les Queffélec ont affirmé qu'on ne chaussait pas de 41 chez eux, ce qui d'ailleurs ne prouve rien.

De ce jour, Mme Racinet, qui est une concierge avisée, s'est dit que l'autre chaussure allait tôt ou tard emprunter la même voie. Sept mois plus tard, le 11 juin 1965, le vide-ordures connaissait une nouvelle obstruction du neuvième au cinquième, et Mme Racinet n'a pas attendu de passer le furet pour déclarer qu'on allait trouver une chaussure de haute montagne coincée entre le sixième et le cinquième, un pied droit pointure 41. Ayant devant témoins (M. Racinet, Mme Bronssein) récupéré ladite chaussure, celle-ci dépourvue de lacets, elle a remonté la paire de souliers chez les Queffélec, et M. Queffélec s'est mis en colère, disant qu'il était officier de la Légion d'honneur et qu'il ne permettait pas qu'on l'accuse de mentir. Laissés une journée dans le hall, comme exemple de ce qu'il ne faut pas jeter au vide-ordures, les souliers ont fini aux pieds de M. Montefiore, le clochard qui persiste à rôder autour du 52.

Ce n'est pas tout. Ont bouché le vide-ordures après les souliers de haute montagne, et toujours du neuvième au cinquième : un sèche-cheveux électrique, des patins à roulettes Midonn attachés entre eux par leurs lanières, de vieux livres identiques ayant pour titre Don Juan *et pour auteur Michel Poissenot, des jouets divers, un appareil anticellulite à billes de buis, un batteur à œufs mécanique, un ours d'enfant. L'obstruction se produit toujours en contrebas du sixième, sauf pour Longpoil, le teckel nain des Nathan coincé au niveau du septième, et dont les aboiements ont alerté M. Leroy dans son sommeil. On n'a rien pu dire aux Nathan en raison des antécédents pénibles de M. Nathan qui le rendent difficile à questionner sans avoir l'air suspicieux.*

Michel Nathan, quand on s'adresse à lui, nous regarde bizarrement et dit avec un sourire non moins bizarre :

— J'ai de l'esprit.

Qui, à part ce garçon perturbé, aurait pu introduire un chien vivant dans le boyau d'un vide-ordures ?

À noter que le chien vit toujours et que M. Montefiore l'a recueilli.

À propos des Nathan, il faut savoir que Michel Nathan, de mèche avec les fils Queffélec, se rend au parc Montsouris après la fermeture des grilles et qu'il attrape avec une épuisette les chauves-souris qui volettent au-dessus du lac. Le 14 octobre 1965, ils ont lâché une bonne vingtaine de chauves-souris dans le hall, soi-disant par hasard, soi-disant leur sac s'est ouvert, et Mme Racinet en a fait une nausée syncopale dont les frais sont à sa charge et s'élèvent à 38 francs avec les intraveineuses.

Cette situation chaotique, Monsieur le commissaire, ne saurait durer et encore une fois nous vous prions d'intervenir avec rigueur, tout en nous réservant le droit de déposer au greffe une plainte en bonne et due forme. Il est manifeste qu'à l'origine de ces divers tracas, dont nous tenons la liste complète à votre disposition, il y a ce piano Queffélec qui mine le moral des copropriétaires, au risque de les entraîner malgré qu'ils en aient vers l'irréparable.

Ainsi notre requête est inchangée, Monsieur le commissaire, et c'est avec lassitude et résolution que nous venons la reformuler.

Exigeons le déménagement des Queffélec du 52 avenue du Parc-Montsouris devenue René-Coty en janvier 1962.

Exigeons que ce déménagement intervienne dans l'année.

Exigeons qu'il intervienne avant que le désespoir extrême des copropriétaires ne succède à leur exaspération.

Nous ne voulons plus entendre une seule note venant du sixième.

Fait à Paris, le 25 octobre 1965

20

Avec l'argent du prix Jungmann en 1965, cinq millions d'anciens francs, on fit venir à la maison Loukik et Makik, deux beaux gosses de Polonais spécialisés dans la sonorisation des studios d'enregistrement. Où maman les avait-elle dégotés ? Dans la page annonces du *Petit Écho de la mode*, magazine conçu pour les gens bien, ceux qui fréquentent les églises, croient en un Dieu dont la mère de famille est l'expression terrestre la plus accomplie. Ils parlaient trois mots de français, et ces trois mots contenaient l'assurance que M. Dupuys, après leur passage, contemplerait son plafond d'un air inquiet, se demandant s'il était sourd ou si l'abominable piano Queffélec s'était bien tu, parti au vide-ordures ou brûler en enfer. Ils étaient si gentils garçons, si rigolards, que maman se laissa tenter par la confection d'une cave à liqueurs en palissandre pour le salon, un bel objet qui retenait les précieuses odeurs épicées du banyuls et du porto, comme les alvéoles de type cagette à œufs retiendraient bientôt dans la chambre de ma sœur les odieux salamalecs de Mozart, Ravel, Debussy, Brahms, Schubert dont les voisins avaient leur claque.

— C'est quoi tout ce remue-ménage, là-haut?

— On insonorise, monsieur Dupuys.

— Après les coups de piano, les coups de marteau. Vous êtes insupportables.

— Chaque matin, ma sœur va répéter au studio Hamm, rue de Rennes, pendant les travaux. Elle prend ses repas chez grand-mère. De Saint-Placide à Notre-Dame-des-Champs, c'est l'affaire de quelques pas. Ça lui fait plaisir à grand-mère. Elle a l'impression de revenir à l'époque où ma sœur prenait des leçons avec elle. Grand-mère aurait voulu être musicienne, elle aussi. Je crois qu'elle était amoureuse de Cortot.

— Si l'insonorisation échoue, je crève le plafond, je viens moi-même insonoriser le piano.

— Elle avait la manie du piano pour ses enfants. Pourquoi ma tante Denise a joué du violon, c'est un mystère. Ma tante ne le lui a jamais pardonné. Le son du violon la rend malade aujourd'hui.

— Je ne crois pas qu'on puisse insonoriser les Queffélec.

— C'est une entreprise spécialisée, monsieur Dupuys. Des Polonais.

— N'est pas né celui qui vous insonorisera par des moyens acoustiques. Il faudrait vous couper les mains…

— Ma sœur n'ose plus monter dans l'ascenseur avec vous, monsieur Dupuys. Elle prend l'escalier. Elle a peur aux abords du cinquième. Elle a la chair de poule en arrivant à la maison. Il faut lui donner un sucre imbibé d'alcool de menthe.

— … et même après vous seriez capables de chanter fenêtres ouvertes. On entend votre mère chanter…

— Elle chante, monsieur Dupuys, c'est son premier métier.

— ... votre père chanter...

— Il chante, monsieur Dupuys. Mon frère Hervé chante le *Voyage d'hiver* aux cabinets et moi du grégorien. Mes frères et moi nous chantons tous aux cabinets, nous sommes enfants de chœur à Saint-Dominique.

— L'été, vasistas ouverts, ça résonne dans la cour du 52, du 54, du 56, et même du 2, rue Saint-Yves. Même le 2 rue Saint-Yves entend les Queffélec chanter aux cabinets.

— Nous avons la musique dans le sang.

— Avec moi, vous allez déchanter.

— Bonsoir, monsieur Dupuys.

— Écoutez, dit-il, même de l'ascenseur on entend le piano. Vous l'entendez?

— Je vous entends respirer fort, monsieur Dupuys.

— On entend du piano et du chant. De l'ascenseur...

Il est bouche bée. Je vois frémir d'énormes poils noirs à l'intérieur de ses oreilles et je songe aux pattes ductiles du bernard-l'hermite.

La chambre insonorisée fut livrée par Loukik et Makik et l'on but du banyuls à même le chantier qui sentait le formol et la sueur. Les Polonais trinquaient, parlaient en polonais, et maman leur disait: *spassiba, dasvidania*, merci. Et moi: *tak så mycket*, le « merci beaucoup » suédois. Et mon frère Hervé: *danke schön*, et ma sœur ne disait pas un mot. À peine si l'on n'avait pas invité M. Dupuys à fêter ça. Quelque part sur une mer démontée, hôte payant du palangrier *Ville de*

Fécamp, mon père, cramponné à son vieux stylo Waterman, écrivait la bonté du Père et du Fils et du Saint-Esprit qui donne aux poissons la forme qu'ils ont, à la mer la forme qu'elle a, bonne ou mauvaise, au vent la forme qu'il a jour et nuit lorsqu'il secoue les flots, loin des ascenseurs paranoïaques et des voisins pâmés devant Sainte Mère Bagnole, cette ogresse aux babines de sang née pour engloutir l'univers mort ou vif.

Demain, après-demain, papa recevrait une lettre de haute mer lui disant : « Mon chéri, le prix Jungmann est parti dans une belle cause, l'insonorisation de la chambre bleue, toute la famille te remercie par ma voix. C'est fini, mon chéri, le cauchemar est derrière nous, tu peux écrire sereinement. La chambre de Tita est insonorisée. Ce lâche M. Dupuys, ce béotien, ne pourra plus nous chasser du 52. Il ne punaisera plus de pétitions criminelles dans le hall. Tu peux rentrer fier de toi à la maison. Nous te ferons les enfants et moi une haie d'honneur quand tu passeras la porte », etc.

Eh oui, maman pardonne tout à papa. À peu près tout. Les palangriers, les gardiens de cimetière, la vaisselle trois fois par jour, le ménage à gogo. Elle ne dédaigne pas les syllabes ronflantes à l'occasion des grands moments, ni un chèque de cinq millions lâché à deux sympathiques réfugiés polonais croyants, les deux meilleurs disciples du bon Dieu sans confession.

La chambre de ma sœur, que j'ai retapissée avec maman quelques mois plus tôt, est tendue d'un bleu-vert céladon saisissant, accablant, elle est plafonnée d'Isorel ajouré, moquettée sur une double épaisseur de thibaude flottante, matelassée dans ses quatre murs d'une bourre de laine de verre aussi dangereuse à inhaler qu'un gaz de combat, équipée de rideaux lourds et d'une portière antibruit céladon : tout cela fin du fin de la prothèse acoustique, souverain contre l'infiltration des ondes sonores au-delà des tympans bienveillants. C'est moins une chambre qu'un boudoir de spationaute androgyne, et je ne peux m'empêcher d'imaginer ma sœur emmaillotée d'un justaucorps intergalactique pour évoluer en pareil milieu. Insonorisé, ça l'est. On s'entend, on ne s'entend plus. On parle, et les mots cristallisent au sortir de la bouche comme une buée. Ils ne sont plus audibles mais visibles. On les voit se dandiner dans la lumière céladon, ils ont l'air en apesanteur, ils dérivent, bulles, flocons, échappés du papier caressant des livres.

— C'est bizarre, non ? Maman ?

— Tu trouves ?

— Ça va donner quoi, le piano ?

— C'est insonorisé. Nous restons chez nous. Dieu merci.

— Chante, pour voir ?

Maman chante pour voir *Les Hussards de la garde*. Elle s'arrête presque aussitôt, une main sur le cœur.

— Nous nous habituerons.

On rapatria les meubles dispersés, armoire, bureau, lit, piano Rameau, chalet tirelire, on remit la pianiste au piano, Beethoven sonate *L'Aurore*, Mozart K. 331, Bach BWV 825, harmonie blanche, spectrale, doigts couverts de brume. Deux mètres plus bas, les poils des bernard-l'hermite frémissaient dans les oreilles du père Dupuys.

Là-dessus papa revint des mers lointaines, riche de menus cadeaux glanés aux divers coins des flots qui l'avaient épargné, laissé vivant, malgré les peurs que je ne cessais de lancer à ses trousses, les visions qui me représentaient l'homme de ma vie dormant sur l'eau glacée, les mains jointes et les yeux ouverts telle une Ophélie. Ma sœur eut un pingouin en bois fossilisé du cap Farewell, mon frère Hervé un utérus de morue déshydraté, moi un os de homard auquel adhérait un peu de chair pourrie. Ma mère, un baiser.

Sous les semelles des épouses énamourées, les forces du mal font brûler des cierges noirs à la santé des dieux bêtes et méchants.

21

Mon fils Malo, dix-huit ans, trouve tout ça absurde : le corps, l'esprit, l'âme, le transit, les heures que nous vivons sur la Terre, pris en sandwich entre deux néants. Absurde, mais non moins absurde l'absurdité qui se fie aux spéculations du bon sens, piètre appareil de mesure au regard de l'univers. Comprendre m'a toujours paru moins intelligent qu'aimer. C'est peut-être en aimant que l'on forge le futur à la grâce de Dieu. C'est en comprenant que l'on se jette aux précipices d'une absurdité creusée par la raison dans un monde obscur où l'air se raréfie. Je le dis à Malo. Je lui parle souvent de sa grand-mère Yvonne, femme au grand cœur envolée quelque temps avant sa naissance. Aimer était sa devise, elle est la mienne. Il dépend de nous qu'elle soit tombe ou trésor, comme dit l'ami des civilisations mortelles. Je suis moins emphatique avec mon garçon qui aurait vite fait de me rappeler à l'ordre. Nous devisons encore un moment, tout en dînant d'un excellent plat de *farfalle* arrosées de cidre. Le père et le fils, deux morfales. Il me demande alors à quoi je travaille par les temps qui courent, question récurrente, et je reviens à sa grand-mère Yvonne que ni lui ni ses cousins n'ont eu l'occasion d'appeler grand-mère, le cancer ayant soufflé d'un seul coup toutes les bougies d'un destin passé beaucoup trop vite à la postérité.

— J'en suis au moment où le père Dupuys se dit qu'il peut acheter une arme et tirer à travers le plafond.

— Qui te dit qu'il veut acheter une arme ?

— Un fusil à pompe modèle safari, modèle éléphant, il faut bien ça pour décaniller un piano. Des balles doum-doum.

— Il vous a menacés ?

— N'importe qui serait devenu fou à sa place, moi le premier. N'importe qui se serait vu tenant le piano de ma sœur au-dessus du vide, au bout d'un seul bras, puis le lâchant avec un éclat de rire dément pour l'entendre exploser en bas comme un tonnerre d'apocalypse. Et l'instant d'après il aurait sauté par la fenêtre sur les débris du malheureux piano.

— Tu devrais arrêter le cidre, papa.

— Mozart lui-même perd la raison dans un immeuble où ma sœur lui serine ses propres œuvres jour et nuit, tu comprends, fiston ? Pour s'isoler il n'a qu'un plafond d'après-guerre épais comme une crêpe Suzette…

— Dentelle, papa. Avec la thibaude, ça fait une grosse crêpe, et même une sacrée galette.

— La musique des voisins est toujours un enfer, fiston, elle arme la main des plus doux, elle…

— Ça va, ça va… Qu'est-ce qui s'est passé ?

Je regarde Malo.

— Mais comment sais-tu qu'il y avait de la thibaude ?

22

Croyez-moi ou non, rien de tel qu'une sœur éblouissante au piano pour coucher le monde à vos pieds. Le monde, le délectable monde, l'éternel féminin. En 1965, je fais les beaux soirs du Conservatoire de musique, rue de Madrid, avec l'aisance du marlou frimant dans les bars de Pigalle. Je suis le roi du pavé, en juin 1965, je rôde autour de la vénérable institution où les espoirs du piano français se disputent les lauriers d'un premier prix d'interprétation, le plus convoité se doublant d'une première nomination. Un concours, s'il vous plaît. Pleurs et grincements des mères de famille, frêles musiciennes se tordant les mains dans le hall, inconsolables d'avoir mal joué. Annonce publique des résultats dans la salle du petit Conservatoire, exquis théâtre à l'italienne rose et doré. Maman est là, je suis là quelques fauteuils plus loin, profondément assis dans la peluche râpée, entouré de bonnes amies pulpeuses, Muriel, Catherine et bien sûr Ondine dont le nom me chavire les sangs. C'est ma sœur qui joue, c'est moi qui pavoise, et qui pavoise avant le prochain tour. J'appartiens à la substance foncière et naturelle de l'art. Vous allez voir, je n'ai aucun doute... Après, on ira faire un tour au

Mambo Club, rue Cujas, une boîte africaine mythique où l'on a des habitudes, ma sœur et moi, autre chose que le Slow Club ou le Tabou. Je suis alors un gommeux des beaux quartiers, je n'ai jamais mis les pieds au Mambo Club. J'en ai juste entendu parler.

— Premier prix, première nommée, Anne Queffélec !

— Dans le mille ! Je vous l'avais bien dit.

Bien après, quand le souvenir se mêle d'assagir l'émotion et que l'histoire est close, une image renaît par-dessus les autres. Non, ce n'est pas ma sœur au piano dont le tabouret fut long à régler. Pas Ondine assise à mon côté dans la pénombre, exhibant involontairement un beau morceau de cuisse nue. Pas ces fillettes éplorées cherchant un coin isolé où se trancher les veines, déshonorées par un second prix d'interprétation qu'elles n'osent même pas aller chercher sur scène, la honte, alors que depuis tant d'années, pareilles à des otaries faisant tourner la balle irisée du monde en haut d'un mufle poilu, on les habitue au vertige du podium, aux bravos des foules. Je revois maman rayonner dans la rue devant les miroitements du Conservatoire, assaillie de personnes frémissantes qui lui disent bravo, qui pleurent et qui rient. Je revois ma sœur, pas fière pour deux sous, contente elle aussi, naturelle, gentille, elle a faim. C'est moi qui porte le vieux cartable à partitions. Il fait chaud, lumineux. Nous marchons vers les hauteurs de Saint-Lazare. Nous hélons un taxi, chose qui n'arrive jamais, en tout cas pas à moi. Nous prenons deux ou trois taxis pour emmener les amis fêter la musique chez les Bascourret. Là-bas, il y a mes grands-parents et papa sur son trente et un, costume bleu nuit, le Waterman exceptionnellement muselé. Soirée sans fin parfumée au champagne, à l'opium, l'odeur de maman les jours de liesse. Moi, je n'ai d'yeux que pour Ondine, épaté que son ami préféré soit le frère de la sœur, imbibé par capillarité du génie musical de sa frangine.

Voilà pour le flou des images ramassées dans mon cœur. Encore est-il à craindre que la mémoire embrouille et détériore ce film que nous découpons, selon nos besoins vitaux, dans le ruban continu du temps qui passe.

Au-dessus de la mêlée, c'est une image sonore qui s'accroche à mes sens et redonne un tonus aux horloges dispersées. Cette nuit-là, 2 heures de la nuit, 3 heures, l'oreille à la porte de mes parents.

— Ils ont gagné, Henri, il faut déménager.

— Il faut déménager, mignonne, je sais.

— Si nous ne déménageons pas cette année, c'est Tita qui devra partir de la maison.

— Je sais, mignonne, il faut déménager. On peut gagner du temps, j'ai un livre à finir.

— Cette année, Henri. Le jugement n'est hélas que trop clair. Je m'occuperai de tout. Je ferai les visites avant toi. Je te jure que tu ne seras pas dérangé.

— Déménager... Ça tombe très mal cette année, dit papa. Je ne pense pas qu'à moi. Je pense à Hervé. C'est une année d'examens importants pour lui.

— Nous déménagerons après les examens, Henri. Il faut faire de ce déménagement un moment heureux. Après tout, nous détestons la plupart des voisins dans cet immeuble. Nous n'osons plus nous montrer.

— Il suffit de les traiter par le mépris.

— C'est invivable pour des enfants. Même pour moi.

— On peut faire appel du jugement, mignonne. On gagnerait au moins un an. Dans un an, j'y verrai plus clair.

— Ils nous mènent une vie impossible. Je n'ose plus prendre l'ascenseur avec M. Dupuys. J'ai l'impression qu'ils mijotent un mauvais coup. Tu iras à la prochaine réunion des copropriétaires et tu leur annonceras notre intention de partir le plus rapidement possible du 52.

— J'ai horreur de ces réunions. Ce sont des gens vulgaires, matérialistes, ils ne pensent qu'au fric, aux voitures, aux résidences secondaires. Ils ont le même idéal de quincaillier. Je risque de m'énerver en les voyant. Peut-être que tu pourrais y aller à ma place.

— C'est à toi d'y aller, Henri. Ils ne prendront pas une femme au sérieux. Ils auront l'impression que tu t'es défilé, que tu n'es pas d'accord avec ce déménagement. Ils auront l'impression qu'ils te font peur.

— J'ai seulement peur de leur bêtise.

— Tu leur annonces le déménagement et tu t'en vas. Personne ne te demande de leur parler.

— Au moins, si le père Nathan venait à la réunion... Il ne les supporte pas non plus. Ils ne pensent qu'au prix de l'essence, à des histoires de ravalement qui me font pitié.

— Dans quelques mois, nous aurons déménagé.

— C'est bien court... Est-ce que nous pouvons seulement déménager? dit papa. Je veux dire financièrement.

— Nous n'avons pas le choix, dit maman. Grâce à ton travail, nous avons remis à neuf l'appartement. Il se vendra sans difficulté. Ça peut aller très vite, je peux demander à mes parents de m'aider.

— Ça veut dire que d'éventuels acquéreurs mettront les pieds dans mon bureau ? Des gens comme M. Dupuys ou M. Leroy ? Des automobilistes à la noix ? C'est ça que tu veux ?

— Ils resteront sur le seuil, ils n'entreront pas, tu as ma parole, dit maman. Je suis infiniment désolée, mon chéri. Quand ça arrivera, tu seras prévenu bien à l'avance, tu seras sorti, tu n'auras pas à les croiser.

— Je refuse qu'ils voient mon bureau.

— Je mettrai un drap sur la table, ils ne verront rien, ils verront juste une armoire fermée.

— Tu mettras également une housse sur la soupière de maman, elle était chez nous à Brest avant les bombardements. Je ne veux pas qu'ils la voient.

— Promis, ils ne la verront pas.

— Je les retiens, avec leur jugement ! J'aimerais bien savoir à quel margoulin d'expert ils ont fait appel pour mesurer les sons. Comment peut-on en vouloir au piano des artistes, au pinceau des peintres, au stylo des romanciers ?

— Il y a nuisance, Henri, nuisance sonore. Toi aussi, à Marseille, sous l'Occupation, tu détestais le piano des voisins, tu voulais jeter le piano dans les eaux du Vieux Port.

— D'après le jugement, l'insonorisation n'a fait qu'aggraver les choses.

— Je suis désolée, mon chéri.

— Tu crois que c'est vrai, toi, que le père Dupuys s'est fait hospitaliser pour une lésion au tympan ?

— Ils ont les cartes en main.

— Sous l'Occupation, on appelait ça des salauds. Ce sont des gens comme ça qui livraient les Juifs pour récupérer leur logement.

— On paie le *pretium doloris* au syndic et on part d'ici. Je n'en puis plus.

Ainsi, j'apprends que les millions du prix Jungmann, s'ils nous ont payé une belle cave à liqueurs intégrée dans une bibliothèque à fond rouge, entre bow-window et cheminée, sont descendus jusqu'au dernier fifrelin dans les tympans du père Dupuys qu'ils ont mis à feu et à sang. Ainsi meurent les bernard-l'hermite.

23

Le tympan des voisins prend feu – Mozart est assassiné, le vrai Mozart pipi caca, le rieur extravagant qui multipliait les notes au grand dam de l'empereur. Tout le monde à la rue, le Waterman, les deux pianos, la soupière de Brest, la mémoire de Brest incendié, on pousse le barda vers nulle part. Au bout de l'avenue, c'est le lion de Belfort au-dessus des platanes. Paraît qu'il est creux. On pourrait dormir à l'intérieur? Gavroche habitait bien l'éléphant, place de la Bastille. Voilà mes pensées, mes images, en retournant dormir après avoir écouté mes parents.

À quelques jours de là, dans la salle à manger, maman travaille au résumé des guerres puniques dont j'ai besoin pour réviser mon BEPC. Autant j'ai du mal à mémoriser les phrases du manuel, autant, quand j'ai l'écriture de maman sous les yeux, j'apprends par cœur sans effort.

— Jean, me dit-elle, j'ai à te parler.

— On va déménager?

— On va déménager, ce n'est pas la fin du monde.

— On va partir d'ici?

— Tu auras ta chambre à toi. On ne sera plus les uns sur les autres. Mais, par exemple, il faudra que tu sois ordonné.

— Je vais perdre mes copains, Michel, Laurent.

— Ils resteront tes amis, ils viendront. Nous allons nous donner le temps de bien déménager, tu seras content. Je vais avoir besoin de toi. Ton père n'a guère de temps pour les visites. J'aimerais que tu m'accompagnes, si tu veux bien.

— Oui, maman.

Le lendemain, après les cours, je mange des œufs à la cuisine avec maman. Ça sent la friture et l'eau de Cologne Yardley. Maman revient d'une visite à Saint-Cloud avec Tita. Elle est très excitée, la vaisselle n'est pas faite.

— L'occasion s'est présentée ce matin, mon chéri. Un hôtel particulier avec des colonnades dans le vestibule... J'aimerais y retourner avec toi... Ta sœur est emballée. Elle aurait carrément une salle de musique et vous une pièce pour jouer. Tu verrais ce jardin autour de la maison, on se croirait à la campagne. Il y a une pièce d'eau sur les arrières où ils ont vu des canards à l'automne. C'est très silencieux, très paisible, sur une rue sans voitures, exactement le genre de rue où l'on s'attend à croiser ton père. La rue Maurice-de-Guérin, c'est un grand poète méconnu. Nous allons le remettre au goût du jour. Tu penses bien que je me suis renseignée pour les voisins. On ne m'y prendra plus avec les voisins. Aucun problème sur ce front-là, pas de grands méchants loups Dupuys. Au sud, un couple de Hollandais qu'on ne voit jamais, il paraît qu'ils font le tour du monde pour s'étourdir, ils ont connu un grand malheur.

Au nord, M. Corbassière, un peintre de Montparnasse archicélèbre, il a connu Modigliani. Il y a trois salles de bains dont l'une avec des WC bleu pâle à l'intérieur. Deux autres WC individuels avec cabinet de toilette attenant. Tu pourrais faire du patin à roulettes dans les deux salons, mais je ne te le conseille pas. Tu auras ta chambre au premier, et ton père son bureau sous les combles, il pourra s'étaler autant qu'il veut, il ne verra que le ciel, il s'imaginera en Bretagne… Des commerçants au bout de la rue, sur le boulevard. C'est disponible dès aujourd'hui et je pense qu'ils nous laisseront les rideaux du salon, ils sont magnifiques, doublés avec de la soie. Nous avons eu un excellent contact, leur fils aîné joue du violon fenêtres ouvertes. Ils quittent Paris pour des motifs diplomatiques. Il, enfin le père, vient d'être nommé ambassadeur à Bucarest où d'ailleurs il se propose d'inviter papa pour un cycle de conférences. C'est miraculeux que, dès la première visite, on ait trouvé ce qui correspond exactement à nos besoins et à nos envies. En fait, je pourrais passer la nuit à te décrire cette maison où je me suis sentie chez nous à la seconde où j'ai franchi la porte. La cuisine est immense, c'est vraiment là qu'il faut prendre les repas. Tu n'as pas un mais deux réfrigérateurs, et je pense qu'ils nous les céderont à un bon prix car je vois mal ces énormes réfrigérateurs à l'ambassade de Bucarest où ils ont déjà tout ce qu'il faut. Bien sûr, des cheminées régulièrement ramonées. Un chauffage par le sol, ce qui n'est pas très bon pour mes varices, mais on pourra changer par la suite. Est-ce que je t'ai dit qu'ils avaient vu des canards à l'automne, sur la pièce d'eau ? J'ai hâte d'en parler à ton père. S'il se décide à venir visiter, tu peux compter sur moi pour le décider, il sera convaincu. Le seul inconvénient, c'est le prix. Cinquante millions. Ça ne se trouve pas sous le pied d'un cheval. Il faudra emprunter au CCF. Grand-père nous donnera sa caution, il a tout son argent là-bas. Je ne sais pas trop combien on va tirer de la vente du sixième, dans les quarante millions d'après Mme Nathan. Est-ce qu'elle tient compte du fait que nous avons cent vingt mètres carrés alors qu'ils ont le double au neuvième, avec en plus la terrasse ? L'expert vient demain matin. Je ne l'ai pas dit à ton père qui devra émigrer dans ta chambre le temps qu'on discute au salon. Si l'appartement se vend quarante millions, même trente-cinq, je dis oui à M. de Saint-Paul. Je signe le compromis. Il manquera quinze millions, mais ça revient au même pour la banque et nous pourrons déménager avant Noël.

Elle paraît sincère, elle a ce beau regard qui donne un sens à la vie, on ne se pose même pas la question.

— Tu n'as pas mangé ton œuf, dit maman.

Dans l'assiette bleu pâle, le plat de fer cabossé noirci par le butane. Au fond du plat, l'œuf a l'air chagrin, le jaune est ridé, le pourtour du blanc bruni par le beurre au vinaigre. À côté, mon bol de café au lait concentré sucré, si chargé qu'il en est gris : un gris *tourdille*, d'après papa.

— Ce sera un beau jour, dit maman qui en est à sa troisième ou dixième moitié de gauloise et qui boit du porto dans du cristal... À combien peut s'élever le prix d'un déménagement à Saint-Cloud ? C'est une fortune, le transport des pianos à notre époque. Il faut les assurer, faire appel à des spécialistes.

Elle sourit, le regard aux anges, cet immense regard dont mon petit frère, lui seul, a eu la chance d'hériter, un regard habité d'une illumination céleste.

— Le transport d'un stylo ne coûte rien, dit maman. Et pourtant il contient l'univers.

— Ça dépend des stylos, maman. Le mien fuit, l'univers me salit les doigts.

Maman n'entend rien, elle repart dans ses comptes à voix haute, elle dit qu'elle a des bijoux à vendre si nécessaire, une bague à brillants qui lui vient de la tante Sabotte, un camée, quelque chose d'importable à notre époque, une chevalière tout platine et rubis que portait son arrière-grand-père. Il vaudrait mieux que grand-mère n'apprenne jamais qu'elle a vendu la bague de la tante Sabotte ou même qu'elle a songé à la vendre. Si ce n'était pas aussi mal de mentir, on pourrait lui raconter que la bague s'est perdue au cours du déménagement.

— Personne n'est au courant que cette bague est aussi précieuse et que j'envisage de m'en défaire pour payer des transporteurs de pianos spécialisés. Personne à part toi, mon chéri.

Nos regards se croisent, je n'ai toujours pas touché à mon goûter. Je pense aux lèvres d'Ondine, à ses yeux. Il y a longtemps que je ne l'ai pas embrassée. Nous nous embrassons deux fois par semaine, Ondine et moi, à l'arrêt d'autobus porte de Vincennes, avant qu'elle prenne un bus pour Le Plessis-Trévise où elle habite une maison qui nous irait fort bien, à nous les Queffélec, à nos pianos, nos stylos, nos soupières, notre batterie de cuisine hors d'usage, et à moi personnellement, à ma libido qui me fait voir un avenir éternel avec Ondine qui me dit aussi qu'elle m'aimera toujours, et toujours signifie *tous les jours* que le système solaire aura la force d'enfanter avant que les anges écartent les nuages et fassent sonner la cornemuse des fins dernières ou des commencements premiers.

— Réponds-moi franchement, dit maman. Est-ce que tu es triste, mon chéri, en ce moment?

J'ai mangé mon œuf et regardé tout autour de la cuisine, un horizon familier. Si je devais partir, je voulais ne rien oublier. Je voulais tout emporter à Saint-Cloud. Dans un coin, la manette du gaz tel un oreillon de cuivre luisait. Elle avait reçu un coup de pinceau bleu. Au-dessous, il y avait la cuisinière Thomson que nous appelions fourneau et que maman utilisait pour sécher ses mises en pli, un spectacle effrayant quand on ne s'y attendait pas. Plus loin, le plan de travail dit « paillasse », à carreaux beiges, l'évier où petit je faisais nager les poissons rouges, les tortues, les guêpes. Les fenêtres du balcon donnaient sur un rebord de ciment garde-manger. Il y avait deux crochets de métal à torchons, la porte vitrée du balcon, le placard à la porte gondolée, la table de bois creusée par l'eau de Javel sous la toile cirée, et nulle part de Frigidaire ou de réfrigérateur, une espèce de meuble nain à double battant, brûlé sur le dessus, cerclé de zinc, qui supportait jadis un fourneau bleu d'avant-guerre, où se trouvaient riz, pâtes et semoules en tout genre, chicorée, café, sucre, les denrées impérissables, les sardines en boîte, les énormes petits pois bon marché, le ketchup, le lait Gloria, les figues, les abricots tapés, les noix, les dattes, les Plum Plouvier, je voulais tout emporter jusqu'à l'ouvre-boîtes à sardines dans le pêle-mêle du tiroir de la table que je revois mais suis incapable de détailler. Un bruit d'ouvre-boîtes, on veut l'emporter, celui d'un tiroir qui ferme mal, on veut ne rien laisser perdre en s'en allant d'un lieu qui fait la paire avec les années passées qu'il protège. La vis manquante du poivrier Peugeot roulée sous un meuble, jamais retrouvée, je m'en souviens.

Comment faisait-on sans réfrigérateur? Comment fait-on pour la viande, les poissons, les œufs? C'est chaque jour marché rue d'Alésia, le sac noir et le sac vert à provisions, tous deux recouverts d'un matériau membraneux comme la peau des chauves-souris. Il y avait une porte de service à poignée de fer-blanc qui m'inquiétait beaucoup, trop mince. Les lumières du palier, les voix glissaient par en dessous. Il y avait deux chaises blanches incassables dans cette cuisine bleue que nous avions repeintes un beau jour, maman et moi, un beau jour où papa était encore loin, nous avions recouvert les cloisons d'azur, bleu Penfoul, Molène, bleu Jérusalem, bleu paradis l'an prochain. Le bleu débordait sur les carreaux, sur la manette du gaz, notre bleu avait réjoui les mines de Loukik et Makik.

— Tu as raison, maman, je suis un peu triste en effet.

— C'est normal, mon chéri. Moi aussi, je suis un peu triste. J'aimais beaucoup cette maison. Quand nous sommes venus l'habiter, c'était secret. Nous l'appelions « la Nouve », nous en parlions en chuchotant. Tu te souviens? La nouvelle maison.

— Saint-Cloud, on va l'appeler comment?

— Eh bien, je compte sur toi pour imaginer son nom.

Et moi, le calembour à fleur de peau :

— Quatre clous, maman. Saint-Cloud, quatre clous. On est chrétien ou on ne l'est pas.

— Ce n'est pas de très bon augure, mon chéri. Nous l'appellerons la Nouve, elle aussi. Est-ce qu'on a vraiment besoin de l'appeler?

C'est vrai, tout emporter quand on s'en va, le gros borgne malodorant qui joue aux cartes sur les bords du parc, les frisquets soleils de l'avenue, la fille Dupuys, l'ascenseur où la fille Dupuys a laissé une odeur fraîche de fille, l'entrée du garage et son odeur de ciment, mon école rue d'Alésia, je ne laisserai pas ma vie derrière moi chez l'épicière à blouse blanche, chez la traîne-savates qui vend des jouets hors de prix mais aussi des globos aux écoliers du 12, ou chez Pépé Gazin, le poivrot maigrichon qui vend les pâtes Milliat Frères, tout emporter comme dit Rutebeuf.

L'expert calcula que nos cent vingt mètres carrés, même en incluant le hideux balcon sur cour dont nous étions si fiers, exagéraient nettement la surface au sol de l'appartement. Il s'agenouilla, fit ses mesures, et le chiffre assermenté de cent huit mètres carrés figura sur le rapport en trois exemplaires, pour servir qui de droit. Pour autant, maman ne baissa pas le bon prix qu'elle espérait vendre l'appartement, trente-cinq millions. Elle maintint mordicus que le 52 était en pierre de taille et que le sixième jouissait d'une vue imprenable sur le zoo de Vincennes, alors qu'on voit les rails de la ligne de Sceaux et, tel un mirage, le sommet du rocher des singes par-dessus la ligne des toits, au fond du ciel. Maman comptait sur la beauté de la chambre insonorisée, la moquette neuve et la cave à liqueurs pour damer le pion aux visiteurs qui s'étonneraient du prix. À l'inverse, elle ne doutait pas que l'ambassadeur de France en Roumanie, sitôt qu'il aurait vu papa le normalien, l'ami cher des présidents, l'officier de la Légion d'honneur – une rosette sur canapé blanc –, ferait affaire avec nous, quelle que fût l'enveloppe dont nous disposions. Elle était bien creuse, pour le moment…

Papa consentit une visite à Saint-Cloud, ce fut la dernière. Je n'y étais pas. Il était sombre en partant, bien plus sombre en revenant. Il était parti décidé à dire non, il avait dit non. Il s'était sapé. Il avait mis son grand nez dans les dressing-rooms à roulettes de l'ambassadeur, il avait vu de quelle chasse d'eau de haute technicité un diplomate de la République tire l'oubli sur certains vestiges naturels, il avait foulé aux pieds des chambres, des bureaux et des salles de musique auxquels il venait dire non, vous ne serez pas chez moi, mon chez-moi, et c'était non qu'il leur avait dit.

Pas si vite… Il était incapable de dire non quand la timidité lui flambait les sinus en public. Il avait commencé par sympathiser avec l'ambassadeur sur le terrain de la francophonie, sujet dont il était l'évangéliste phare, c'était comme ça. Dieu parlait français, il parlait latin, grec, comme tous les dieux du monde. À la grâce d'Henri. Tous les avions où papa montait, tous les bateaux qui l'embarquaient pour monter au nord chasser des morues aux yeux lavande marine allaient tous vers le Créateur de la rue d'Ulm, l'Église où Juvénal, Tite-Live, Tacite, Homère, Virgile, et bien sûr Aristote et Platon se voulaient inconsciemment les disciples du Mieux-disant crucifié, disparu trop tôt pour pêcher la crevette à L'Aber-Ildut et multiplier les poissons du chenal de la Helle.

Après ce tour d'horizon, mon père a dit non. Mon père a dit : trop cher. Mon père a dit : ma femme s'est beaucoup avancée, ma femme parle trop. Il a dit : prix trop élevé, entretien trop lourd, standing en désaccord avec celui du romancier marin pêcheur que je suis. Il a dit : ce n'est même pas une question d'argent, c'est que l'auteur d'*Un recteur de l'île de Sein* n'installe pas femme et enfants dans un hôtel particulier où l'on s'attend à croiser des maîtres d'hôtel à gants blancs, des soubrettes à coiffe de tulle, des cambusiers à foulard ou des chiens de race. C'est aussi une question d'argent, de pages à noircir, d'imaginaire à négocier, d'à-valoir et d'impôts, de santé, de courage, de mise en place, de lecteurs, de médias... Quel Crésus du Waterman ma délicieuse Yvonne croit-elle avoir épousé ? Je ne suis ni Cécil Saint-Laurent, ni François Mauriac, ni Montherlant, il n'y a pas d'amour physique dans mes livres, aucune femme nue, c'est déjà beaucoup que nous vivions à six sur mes histoires de pêche en mer.

Mon père a dû penser quelque chose comme ça, estimant son larynx moins persuasif que sa parole intérieure, certain que l'ambassadeur et lui s'étaient compris à mi-mot. Ma main à couper qu'il a visité la maison au pas de course, s'il l'a visitée, et qu'une fois dehors il est resté silencieux, morfondu. L'insondable silence de papa. Le mutisme supérieur du Breton quand il en veut à son épouse au désespoir d'ignorer en quoi précisément elle a tort. On ne trouble pas le monde intérieur d'un écrivain concentré. On ne sollicite pas sa bonne volonté pour aller voir une maison à vendre. Et s'il dit « oui, j'irai », on n'imagine pas la partie gagnée, qu'il est secrètement content d'y aller, que ça lui change les idées et qu'un jour il vous saura gré à vie de l'avoir traîné à Saint-Cloud. On nc sous-estime pas la capacité du romancier breton, forcément chrétien, à se rétracter dans l'antre spirituel, et peut-être le mot d'utérus est-il approprié, qu'il referme sur lui chaque fois qu'il croise en milieu pathogène le regard d'autrui.

Il a dit qu'il faisait un bout de chemin à pied. Il a acheté *Le Monde* à un crieur public. Il a observé que *ça s'est beaucoup construit depuis la dernière fois*, sans préciser à quelle époque de sa vie tutélaire il était déjà venu à Saint-Cloud. Il a dit que l'automne était beau par ici : l'automne, cette saison que les faibles appellent automne, ce chef-d'œuvre, il a probablement cité Rutebeuf ou Mathurin Régnier, ou Lefranc de Pompignan, ou Delille, il a conçu dans son for intérieur une image d'écrivain sur la délicatesse des feuilles sans vie qui viennent japper le déclin des longs jours dans les guiboles d'un écrivain que des aléas mineurs ont paumé loin de ses feuilles à lui, de son arbre d'écriture qu'il s'efforce d'escalader jusqu'à la canopée berceuse, avant que l'argent vienne à manquer dans les poches du grand Pardaf de Jean, le frère tombé mort en 47 sur les galets du Trez-Hir, le cœur épuisé, les mains râpées à mort par les avirons du canot familial qu'il ramenait de beaucoup trop loin.

Maman trottinait derrière lui, vexée. Elle avait du mal à marcher à son pas. Elle avait envie de lui dire : « Espèce de grand dadais normalien aux pantalons feu-de-plancher trop courts, arrête un peu ton cinéma, je te connais bien… » Elle se taisait, elle se demandait à quel moment il voudrait bien parler, dire les choses. Comme si mon père, l'homme franc comme l'eau bleue, disait les choses : quand il aimait, qu'il aimait, quand il s'inscrivait en faux, qu'il s'inscrivait en faux, quand le tintouin d'un déménagement l'horrifiait, qu'il était transi d'effroi rien qu'à l'idée de revisser son Waterman et de voir emballée dans un papier kraft la soupière chinoise de son bureau qu'il protégeait avec un méli-mélo de rubans, trombones, pièces trouées, bouts de ficelle, cavaliers d'échecs, tortillons chinois, pétales desséchés, protégeait l'odeur paradisiaque du Brest natal avant que les flammes n'entrent à flots chez lui.

Il a pris le métro, maman sur ses talons. Il a fait poinçonner deux tickets verts de première classe. Il s'est détendu, voyant les stations défiler et voyant qu'il n'était pas si tard qu'il craignait. À 16 heures, il était à sa table et faisait la sieste, les joues dans les mains, les coudes plantés au milieu des paperasses, éloignant par quelque rêverie d'océan, de Penfeld, de Quélern, de Morgat, de Parquette ou d'Ouessant le trivial souvenir du passage à Saint-Cloud pour acheter les murs d'un autre homme, évaluer une affaire comme l'aurait évaluée M. Dupuys. Peut-être pensa-t-il à la Suède, son autre nostalgie, le lac Värmeln sur les berges d'Edane, le village où la sciure de sapin embaume l'air chaud des forêts.

À 16 h 30, miracle du café au lait à la cuisine, miracle du goûter après les cours, maman me racontait comment c'était là-bas, plus beau à chaque visite, le réfrigérateur à poignée chromée, la baie vitrée comme une paroi d'aquarium donnant sur les broussailles d'un jardin à l'anglaise et sur une pièce d'eau. Un cadre rêvé pour jouer du piano jour et nuit. Rêvé pour écrire et s'évader sous les combles. Rêvé pour jouer au ping-pong au sous-sol, écouter de la musique ou recevoir des amis, pour rire et danser. Rêvé pour être heureux en famille.

— Une maison de rêve, mon chéri, on peut l'avoir.

— On l'aura?

— Si ton père fait un effort.

C'est bien la première fois que j'entends maman parler de son mari d'une voix courroucée.

— Il n'aime pas?

— Il ne dit rien.

Au dîner, enhardie par la présence de ses quatre enfants autour de la table, maman raconta sa journée à Saint-Cloud, papa devisant avec l'ambassadeur, l'ambassadeur proposant son chauffeur pour les ramener, papa déclinant l'offre en latin, ce qui avait fort diverti l'ambassadeur, homme de haute culture, énarque probablement, abonné aux dimanches de Pleyel, impatient de découvrir l'œuvre du romancier breton qui lui faisait l'honneur de s'intéresser à sa vieille maison.

C'est alors que maman regarda papa qui regardait son bock de vin rouge, le visage fermé. Comme convenu avec maman, ce fut moi qui mis les pieds dans le plat.

— Tu l'as trouvée comment la maison, papa?

— Ta maman n'avait pas fini de parler. On ne coupe pas la parole à sa mère.

— J'ai cru qu'elle avait fini.

— Ne réponds pas.

— J'avais fini, Henri.

— Tu allais dire autre chose.

— Je t'assure que j'avais fini.

— C'est important de savoir comment tu l'as trouvée, dit Tita. Tu ne vas pas aller vivre dans une maison que tu n'aimes pas.

— C'est très beau, dit papa, très grand, c'est un peu isolé. Il y a des blousons noirs à Saint-Cloud la nuit.

— Il n'y a pas qu'à Saint-Cloud.

— Je pense aux cours de danse, dit papa. Quand Tita va chez Mme Allegra et qu'elle revient tard. Saint-Cloud est mal fréquenté la nuit.

— Il y a des années qu'elle ne va plus chez Mme Allegra.

— Elle va au concert, au théâtre, au cinéma, elle sort avec des amis.

— Saint-Cloud a une excellente réputation.

— Ça manque de transports en commun, dit papa, c'est loin de tout. C'est sûrement très pratique pour un ambassadeur équipé d'une puissante voiture avec chauffeur, mais pas du tout pour des lycéens.

— On voulait juste avoir ton avis, dit ma sœur. Moi, j'ai eu le coup de foudre. Maman aussi.

— Déjà, dit mon père d'une voix gênée, déjà que votre mère sue sang et eau pour entretenir cette maison. Je ne veux pas qu'à Saint-Cloud elle s'abîme la santé. On ne joue pas avec la santé.

Papa but une gorgée de vin. Il déglutit avec précaution, je vis sa pomme d'Adam rouler sous la peau tendue. Il s'essuya les lèvres, regarda maman. Il va parler, j'ai pensé, formuler une de ces phrases claires et nettes dont il a le génie. Encore une seconde et l'on connaîtra le fond de sa pensée.

— Est-ce qu'on ne devrait pas changer les assiettes, mignonne?

— Tu veux changer les assiettes? Maintenant?

— Qu'est devenu, dit mon père en fixant ma mère, l'air soupçonneux, le service de table à motifs marron du mariage? Un cadeau de ma sœur Germaine. Ce sont toujours les mêmes assiettes qui s'usent.

Le dîner prit fin sur ces derniers mots qui trouvèrent maman silencieuse et meurtrie. Elle répétait souvent que le plus difficile, en amour, est de bien connaître la personne avec laquelle on vit et que dix ans, vingt ans, ne sont pas de trop pour se faire une idée.

Elle me dit bonsoir, et je me souviens qu'elle reparla du service à motifs marron qu'elle avait toujours détesté, papa toujours aimé. Par chance, elle ne savait plus où elle l'avait rangé dans la maison. Papa n'aurait qu'à chercher lui-même. Et comme il n'en ferait rien…

24

Peut-on parler d'un différend grave entre mes parents, pour ce déménagement que mon père essayait d'empêcher tout en admettant expressément qu'il y avait péril en la demeure et qu'il fallait déguerpir? Disons qu'elle en voulait à son mari. L'homme droit, sans reproche, coutumier des prêtres et des confessionnaux, savait être retors, un brin filou. C'était oui les yeux dans les yeux, c'était non au moment d'agir. Pas demain la veille qu'on emballerait la soupière de Brest dans du papier kraft et qu'on classerait le vrac empoussiéré des vieux manuscrits du bureau.

Maman visitait les maisons à vendre, papa lui demandait comment s'étaient passées les visites, il avait l'air d'écouter avec intérêt. Maman était devenue visiteuse de maisons à vendre, une espèce de métier qui tranquillisait papa, lui donnait bonne conscience. Tant qu'elle visitait, elle ne passait pas l'aspirateur ni ne lavait les assiettes bleues d'une famille nombreuse, ni ne descendait les poubelles en catimini. Tant qu'elle visitait, il était un époux royal, un romancier peu attaché aux endroits où il vit, prêt à suivre n'importe où son stylo Waterman, le seul bien matériel qui lui fut cher comme la prunelle des yeux ou la peau des mains. Tant qu'elle visitait, il était un bon mari, un bon père, il avait confiance dans les mots qu'il imaginait sur la page et donnait à relire à maman, le soir, oubliées les visites par monts et par vaux. La vie suivait son cours. D'un côté la vie, de l'autre la page où mon père disait à la vie ce qu'il pensait d'elle et à Dieu ce qu'Il, Dieu, pensait de nous les hommes, les victimes et les tueurs, et bon an mal an ses enfants. L'ordinaire sublime du romancier possédé par la grâce.

Je suis injuste? Probablement. C'est lui qui fait bouillir la marmite. C'est le Waterman qui donne au banquier son plus beau sourire ou sa triste figure des jours sans crédit. C'est Henri qui vit solitairement l'angoisse de ne pas y arriver, ou d'y arriver trop tard, pendant que nous tirons des plans sur la comète et le trouvons bien égoïste, le normalien, avec son bureau planqué, ses petites manies d'homme de lettres intouchable. C'est Henri l'albatros, ce sont les factures et les millions du prochain appartement qui s'accrochent à ses pattes et le gênent pour ouvrir les ailes aussi grand qu'il le pourrait.

Maman visita des maisons à Chatou, Vaucresson, L'Isle-Adam, Bagneux, Montrouge, Malakoff, Arcueil, Neuilly, etc., puis de nouveau connut la Révélation, comme à Saint-Cloud, en visitant le troisième étage avec ascenseur hydraulique d'un avocat prestigieux qu'un aléa conjugal obligeait à quitter Paris sans délai.

— C'est rue de Bellechasse, Henri. Nous serions voisins du docteur Bonnard. Les éditeurs sont à deux pas, dans ce mouchoir de poche. On ne peut imaginer mieux situé.

— Je ne tiens pas trop à la fréquentation des éditeurs.

— Personne ne t'oblige non plus à t'approcher d'eux... Est-ce que tu es seulement d'accord pour une visite, au cours de ta promenade, un jour prochain, on en a pour quelques minutes. La dame de l'agence me prête les clés. Tu ne verras personne.

— Oui, dit papa.

Toute une semaine, il ne fut question au sixième que de la rue de Bellechasse, et c'est tout juste si l'on ne commençait pas à remplir les cartons. Papa s'était défilé pour la visite, mais fort d'un alibi si décisif que maman s'était inclinée. Une conférence payée rubis sur l'ongle en Irlande, à Cork, une de ces poires pour la soif que l'auteur n'est pas fâché d'offrir à sa famille, surtout quand il y a des pianos de concert à transporter. Des pianos à queue. On avait comparé les millions à sortir, les millions à rentrer, à demander au banquier, c'était une opération risquée mais jouable, après tout le sort de la famille en dépendait. « Ce que tu choisiras sera bien choisi, mignonne, avait dit papa pour consoler maman. Je signerai à mon retour. »

Il revint mais je n'ai aucun souvenir de ce retour-là. On ne peut pas tout se rappeler. Les souvenirs se mangent entre eux.

25

Je fus amené au parc afin d'aider les pompiers à convaincre Mi de quitter le perchoir où il s'était juché pour sourire aux gens. Des mères, des enfants, des vieux.

— Je saute, disait-il aux soldats du feu quand ils faisaient mine de monter.

C'était M. Montefiore qui avait eu l'idée de m'envoyer chercher, et deux jeunes pompiers s'étaient présentés au sixième, M. Montefiore sur leurs talons, lui-même accompagné de Longpoil, le teckel nain rescapé du vide-ordures.

Il était 5 heures de l'après-midi, un beau soir d'été. Mi s'était recroquevillé à la manière d'une sirène sur une poutrelle métallique boulonnée du pont de chemin de fer qui enjambait la grande allée du parc en allant vers le guignol. À la manière d'une sirène ou d'un gros matou bien léché dont les pattes croisées auraient ballé sur le vide. Lui, c'était les mains qui ballaient. Il avait dû passer par la pente herbue du remblai, côté droit, et maintenant il terrifiait son monde avec ses grands sourires et bâillements carnassiers. Au-dessus les trains allaient et venaient, et le pont vibrait.

Je l'avais rejoint là-haut, dix mètres environ, ce qui suffit à donner le vertige quand on n'a rien pour se protéger. Un montant de fer nous séparait, Mi et moi.

— Ce sont les derniers cinquante kilomètres qui ont été les plus durs.

— Je m'en doute, Mi. Il fallait donner à la route l'air le plus innocent possible.

C'est un code entre nous depuis longtemps, ces mots issus de nulle part. Je suppose que M. Nathan les dit, quand on le voit parler seul dans la rue, et qu'il en dit bien d'autres, et que Mi les redit machinalement après lui sans savoir de quels souvenirs ils sont tirés.

— Tu ne veux pas redescendre?

— Non. Ton père était à la réunion des proprios, l'autre jour?

— Oui. Ils lui ont même serré la main. Il leur a annoncé qu'on partait.

— Vous partez vraiment?

— On n'a guère le choix, Mi. Ça fait trop longtemps que ça dure. Ma mère a trouvé un truc dans nos prix. Descends, je te raconterai. Il fait vachement chaud là-dessous, avec tout ce fer. T'as pas soif?

— Sans indiscrétion, vous allez où?

— Rue de Bellechasse, dans le VIIe arrondissement. Cent trente-huit mètres carrés. Un appartement par étage. Ascenseur hydraulique.

— Vous partez quand?

— On signe et on s'en va. C'est disponible tout de suite. On prend le bus si tu veux et on va le voir. C'est aussi beau que chez toi.

— Saint-Cloud, c'était plus beau que chez moi.

— Là, c'est aussi beau.

— Et vous n'êtes jamais allés à Saint-Cloud.

— C'est la faute de papa. Il trouvait ça paumé.

Les pompiers nous ont hélés d'en bas. Soit on redescendait, soit ils tendaient la toile antichute et nous arrosaient. Ils avaient déroulé la manche à l'arrière de leur camion pour nous impressionner. Ils faisaient circuler le public de vieux et d'enfants qui s'attroupaient, mais la foule attire la foule et personne ne circulait. On avait le même pouvoir d'attraction que jadis les scènes d'échafaud en place de Grève, et si Mi souriait généreusement à ces dizaines de badauds en attente du fait divers, moi j'avais la gorge serrée. Je me disais soudain qu'on était peut-être en danger. J'étais au-dessus du vide à côté d'un fou. Les casques des pompiers luisaient sous nos sandales, il y avait des civières et des bombonnes d'oxygène dans leur camion, une imminence d'accident flottait autour de nous.

— Et vous n'irez pas davantage rue de Bellechasse, ni sur les Champs-Élysées, ni même à la Goutte d'Or.

— C'est quoi, la Goutte d'Or?

— Un îlot insalubre où vous n'irez pas.

— On ira où, Mi, d'après toi?... Moi je te dis qu'on va rue de Bellechasse... Et tu veux que je te dise: ma mère a déjà signé.

— Elle a signé avec une croix.

— Ho! s'est écrié un pompier d'en bas. Ça vient, les branleurs? Maniez-vous ou j'envoie la pissette.

Il avait la main sur une espèce de manette ronde à l'arrière du camion, un autre pompier tenait fermement la lance à deux mains. La toile antichute était déployée, les regards de tous étaient rivés sur nous.

— Écoute, Mi, on redescend, je n'ai aucune envie d'être arrosé…

— … comme une poule mouillée. Il y a des poules, rue de Bellechasse ?

— J'en sais rien… C'est un quartier d'avocats.

— Même pas renseigné pour les poules, c'est grave ! Comment veux-tu que je te fasse confiance ? Chez nous, à Quincy, il y a des poules en liberté dans les bois. Il y en a dans toutes les belles maisons du coin. Elles picorent nos œufs de Pâques au bord de la rivière. On les mange de temps en temps. On a quelqu'un pour les tuer, un forban. T'as déjà déplumé une poule ?

— Plumé !

— Déplumé.

— Une fois, oui… On redescend.

— On va d'abord manger mon quatre-heures, je partage avec toi.

D'un sac en papier, Mi sortit une banane. Il éplucha la banane avec soin. Il fit pleuvoir les peaux sur les casques luisants des pompiers.

— J'ai un billet de banque dans une poche. On va prendre le vélo de mon père au garage et on va aller aux autos tamponneuses de Sèvres-Lecourbe.

— On y va, Mi.

— Au retour, on s'arrêtera rue de Bellechasse et tu me montreras la maison où vous n'irez jamais.

— On ira, Mi, c'est signé.

— Y a plus qu'à sauter, a dit Mi en sautant, et les pompiers poussèrent une espèce de cri sourd.

On avait dû mal comparer les millions rentrants et les millions sortants car au retour de papa la rue de

Bellechasse disparut des conversations. Elle n'y reparut jamais. Et ce déménagement dont l'urgence nous allumait des étincelles aux talons finit au rancart d'une espèce de rêverie tourmentée par d'autres urgences, les urgences à croix rouge, celles qui font oublier tout le reste, bon ou mauvais. Et l'on devient, dans ces urgences-là, comme les petits enfants perdus qui cherchent la sortie du square à la nuit tombante. Et le square, c'est la vie. La sortie, c'est l'adieu.

Lanildut, 29 N

27 août 1968

Ma chère grande Hermine,

Je ne saurais vous exprimer à quel point votre lettre m'a touchée. Je sais que vous êtes très entourée et que les délices de vos vacances italiennes pourraient endormir en vous le souvenir d'amis lointains. Mais non ! Vous ouvrez Le Figaro *et dès que vous y voyez le nom d'Henri Queffélec, vous prenez la peine de m'écrire longuement pour vous associer à cette grande joie familiale. Merci de tout cœur, chère Hermine, que nous ne voyons plus guère.*

Jean a eu son bac. Il a eu 16 en français, 13 en philo et 19 en anglais, des notes exécrables en histoire et géographie. Il n'avait absolument pas travaillé. Je ne suis pas sûre qu'il en soit absolument responsable... Peut-être, dans une vie antérieure, ai-je manqué d'énergie ou d'esprit de méthode, car Jean est capable de beaucoup de courage physique et moral. Le 4 septembre il sera appelé au service militaire. J'espère qu'il obtiendra un sursis. Encore faudrait-il qu'il entreprenne les démarches. Sinon il ne pourra poursuivre ses études que dans un an, après avoir balayé bien des chambrées. Pour le moment il est à Belle-Île avec Hervé qui s'initie, sous sa direction, à la science nautique. Dans cette branche, en tout cas, votre ami des temps héroïques fait des prouesses. Tous deux ont pu faire de la croisière au cours de ce magnifique été.

Nous avons tous passé quelques semaines à Belle-Île, un endroit paradisiaque. Cela ne me fait pas oublier un certain nombre de lieux enchanteurs, entre autres cette Sérénissime que j'ai vue deux fois mais trop rapidement. À présent je suis en Bretagne chez mes parents, seule avec Tanguy qui se trouve au purgatoire à cause de la présence d'un Irlandais, venu par système d'échange, et si morose que nous l'avons surnommé le Pinson. Tout semble l'ennuyer.

Anne est retournée à Paris car elle a beaucoup de choses à préparer pour l'an prochain, entre autres un concerto à jouer avec l'orchestre Colonne, un récital à Salzbourg, une tournée en Autriche. Elle doit quitter la Cité des Arts en novembre et je vais essayer de lui trouver un studio insonorisé, ce qui ne sera pas facile.

Merci encore, ma chère Hermine, de votre grande gentillesse et merci à votre charmante maman de s'être associée à vous. Nous espérons vous revoir un peu plus souvent maintenant. Catherine et Muriel nous ont donné de vos nouvelles, mais rien ne vaut la présence réelle…

Nous vous embrassons de tout cœur. Toutes nos fidèles amitiés à vos parents.

Yvonne Queffélec

26

À cette époque, le printemps 1966, on a bon pied bon œil chez nous, le malheur n'est qu'un malheur d'organisation familiale apporté par les mauvais coucheurs du cinquième dont les filles nous parlent en rougissant, le regard au bout des pieds. Nos deux pianos sont comme les chiens réputés dangereux qui ne doivent plus se montrer qu'en laisse et muselés. Nos deux pianos ont les cordes vocales sectionnées. C'est l'impression qu'ils donnent, fermés, plongés dans une léthargie de gouffre marin. En cachette, je soulève le couvercle de l'Érard, je flaire les touches d'ivoire qui persistent à exhaler leur odeur fruitée, j'impose une main prudente sur le clavier, je joue quelques notes apprises autrefois, les sept ou huit premières notes du *Gai Laboureur*. Puis j'écoute le silence de la maison. Est-ce que M. Dupuys est chez lui? Est-ce qu'il va monter? Est-ce que mes parents découvriront qu'au mépris des recommandations j'ai donné la parole à l'Érard? Est-ce qu'ils savent que les premières notes du *Gai Laboureur* n'ont pas déserté mes doigts? Ma mère aussi, de temps à autre, se risque à jouer la *Marche turque* en l'absence de papa, une marche des plus timides. On dirait qu'elle cherche à consoler une âme errante, l'âme du silence ou l'âme de la musique habituées à ne faire qu'une entre nos murs.

Ma sœur n'habite plus au 52, mais à la Cité des Arts, en face du pont Marie qui mène à l'île Saint-Louis. Ce sont les relations de maman, autant que le nom de Queffélec, un sésame il faut bien dire, qui lui ont permis d'escalader le raidillon d'une liste d'attente et d'arriver la première à ce joli studio d'où l'on voit la Seine et les bateaux-mouches naviguer en contrebas des platanes. À la Cité des Arts, on peut jouer du piano autant qu'on veut. On joue du violon, du violoncelle. De la batterie. On peint sans déranger personne. On chante, on est baryton, soprano, haute-contre, on est basse. Aucun M. Dupuys n'est autorisé à lancer une pétition pour vous déloger.

Quand Tita vient dîner à la maison, elle regarde son ancien piano d'un air songeur, vaguement fautif. Je me dis qu'elle sait exactement ce qu'elle a sur le cœur. C'est une histoire douloureuse, mais une histoire ancienne, dépassée. Elle est un peu comme un régatier devant son premier voilier, alors que depuis on est passé au Finn. Un Érard des années 1940 n'est pas un Steinway des années 1960. C'est moi, son frère, qui vois les choses ainsi. Elle n'a aucun mal à se mettre au clavier. Elle s'en fiche du gros M. Dupuys. Qu'il vienne sonner, elle lui fait un pied de nez.

Ma sœur est en pleine ascension et l'on peut dire que Dieu lui sourit quand, au lever du jour, elle se met à jouer. Pas bêcheuse, ma sœur. Elle monte vers les sommets. On la présente au concours Bellan? Elle le remporte, premier concert public. On la présente au

Conservatoire, elle en ressort avec des premiers prix. On l'amène à des pianistes autrichiens renommés, Demus, Badura-Skoda : ils la font venir à Vienne pour travailler, exprimer ses dons hors du commun. Ils pensent, avec le talent qu'elle a, l'intelligence qu'elle a, le génie qu'elle a vers dix-sept ans, qu'elle aurait sa place dans les critériums internationaux où s'alignent les meilleurs du moment. On parle de Munich, Leeds... À la Cité des Arts, elle se prépare au concours de Munich, et l'on se dit chez nous que même si elle n'a aucune chance de l'emporter sur les grands pianistes russes au visage tourmenté, ou les musiciens allemands déjà professionnels, célèbres, tous fils spirituels de Beethoven, c'est déjà beau qu'elle soit admise à jouter avec eux, à Munich, devant un jury d'artistes et de professeurs renommés. Je me dis qu'elle m'épate, ma petite sœur qui est ma grande sœur, ma très grande sœur.

On est au printemps 1966, et la bonne aventure se lit uniquement dans la paume de ses mains, là où la musique résonne en premier. En mars 1968, tu iras à Munich avec ta maman qui, grâce à toi, connaîtra là-bas son plus grand bonheur de maman. Tu resteras une semaine à Munich, pensionnaire d'un hôtel bon marché, tu passeras les épreuves modestement, sans te mêler aux autres participants, sans te soûler à la bière ou à la vodka la nuit, à la Wendel Haus, le plus vieux sous-sol de taverne qui soit au monde, et le plus enfumé, braillard. Ta mère et toi vous mangerez de schnitzels, ces pièces de veau cuites emmaillotées dans un jaune d'œuf chapeluré. Chaque soir, vous téléphonerez à Paris pour dire où vous en êtes, où tu en es, et chaque soir la fête continuera, tu seras toujours en lice, quart de finale, demi-finale, finale. Et ton frère cadet n'aura aucun doute quant au résultat, et quand le téléphone sonnera pour l'annonce de la victoire, il appellera ses copines avec le toupet d'un flambeur d'hippodrome dont les pronostics se sont vérifiés. Il ira fêter ça chez elles, jugeant que ce qui vaut pour toi vaut pour lui, et que tes mains ne triomphent pas en Allemagne sans que les siennes aient quelque chose à gagner sur la peau des filles mélomanes.

En février 1969, tu remporteras le concours de Leeds, dans le Yorkshire, et ta mère exultera, bien sûr que oui, mais en 1969 – année pas érotique du tout – ta mère saura que les jours d'une vie sont chichement comptés pour certains, et son bonheur en souffrira. Le bonheur, quand demain n'est plus que neige au soleil ?

Voilà ce qu'on peut lire au printemps 1966 dans la paume gauche de ma sœur Tita. Mais si l'on est grands lecteurs chez nous, on ne s'intéresse pas au livre fatidique des mains humaines, indigne du croyant.

En 1966, ma sœur a quitté la maison du sixième étage, ou l'appartement, pour ainsi dire chassée. Mon frère Hervé est également parti. Il habite un studio vert foncé 38 avenue René-Coty, loué par la société Suger. C'est maman et moi qui nous sommes occupés de l'aménager. C'est nous qui avons posé les doubles rideaux, Hervé ne trouvant le sommeil que dans le noir complet. Il prend ses repas au sixième, quelquefois, il dort chez lui. Il prépare l'agrégation de mathématiques, il a dix-neuf ans, il a besoin de sa liberté. Il lui arrive aussi d'aller travailler chez mes grands-parents, 116 boulevard Raspail, dans la chambre de bonne qu'ils possèdent sous les toits. La famille, notre famille nombreuse, s'est clairsemée au sixième étage du 52 et l'on ne met plus la rallonge pour déjeuner. Papa ne raconte plus les histoires du grand méchant loup à table, il écrit le roman Trois jours à terre où il est question d'un pêcheur hauturier qui rentre chez lui pour soigner son épouse mourante et lui dire in extremis ce qu'il n'a jamais su lui dire, absorbé par les angoisses du grand métier : qu'il l'aimait, qu'il ne l'a jamais trompée…

Le soir, nous mangeons des merlans, des croque-monsieur, des bananes flambées, on dirait que maman passe moins de temps à cuisiner des petits plats. De temps à autre, des œufs à la neige que nous appelons à tort îles flottantes, la métaphore océanique primant la métaphore alpestre, et de temps à autre un far aux raisins secs. Tilleul pour tous avant d'aller au lit.

27

Après-midi maussade, goûter café au lait avec maman.

— Est-ce que tu t'ennuies, mon biquet, à la maison?

— Pas du tout, j'ai plein de potes à l'extérieur, j'ai des copines, on va au théâtre, au concert, au cinoche, je ne m'ennuie jamais.

— Je pense que tu t'ennuies depuis que ta sœur est partie.

— Hervé aussi est parti.

— Hervé, ce n'est pas la même chose, il habite la porte à côté. Et puis vous n'avez pas la même relation qu'avec ta sœur, ton frère et toi.

— C'est vrai, maman, on s'entend bien Tita et moi.

Le regard de maman, je ne l'ai pas suffisamment regardé quand elle était là, me regardait. C'est un regard minuscule, géographiquement, et même inexistant, mais, en y réfléchissant bien, ce regard pouvait offrir bien plus que l'horizon marin paré de toutes ses étoiles, un soir de pleine lune au mois d'août. C'est bien chétif, l'univers, auprès d'un regard qui contient la soif de l'univers et la nostalgie des temps où l'être humain ne mourait pas s'il aimait. S'il aimait, il n'était pas plus mortel que les dieux et ses larmes ne mouillaient aucun espoir de rédemption.

Maman me regardait, ça je m'en souviens, et je n'ai rien compris. Elle avait une cigarette entre les doigts, et je n'ai rien compris. Je voyais la cicatrice en étoile de la verrue sur sa main et je n'ai pas compris que l'univers était menacé, qu'il risquait de chavirer tout d'un bloc le jour où je ne verrais plus cette main, ce regard. Elle avait de larges cernes autour des orbites, le teint cireux, mais ça ne m'a pas effleuré qu'elle pouvait avoir mal ou qu'elle espérait de moi une parole comme : ça ne va pas, maman ? ou : depuis combien d'années, maman, tu te fatigues pour nous, tu prends sur toi la fatigue et la mauvaise humeur de tes enfants ? Tu absorbes leur prétention, leurs grands airs, leur égoïsme et leur angoisse, leur rêve d'être les plus beaux, tu transformes et recycles tout ce qu'ils pensent et disent en cocon familial préservé du sort. Tu leur sais gré d'être tes enfants, d'avoir exaucé ton vœu d'être mère, la personne la plus solide qui soit au monde, la dernière autorisée à tomber malade. Entre nous, maman, ça n'est pas fatigant, cet écrivain à la maison, même si c'est lui notre gagne-pain ? Toujours baisser la voix, se déplacer en chaussons, refermer les portes derrière soi, retenir son souffle et son rire, comme si ce souffle et ce rire tueraient au fond de l'appartement, sur les lèvres de papa, la virgule susceptible d'entraîner son roman dans une suite que Dieu lui-même aurait bien voulu signer ? Pas épuisant, cette maison sur l'échine, à porter chaque jour avec le sourire ? Vaisselle, piano, tohu-bohu des garçons, arbitrages en tous genres. Moi, maman, je ne te fatigue pas à toujours mépriser des profs moins forts que mon père? Tu me demandes quoi, maman, pour être moins fatiguée, moins cernée? La lune? La lune, j'irais la décrocher pour toi. Tu me demandes seulement d'avoir la moyenne en maths, en anglais, en français, de rapporter ici un bulletin scolaire qui ne mette pas une ambiance de cauchemar à table, avec papa disant: « Tu fais pleurer maman », et tu pleures, c'est vrai, et papa se rengorge gravement, il se délecte de la honte où il m'a plongé, et je ne comprends pas quelle est ma faute, moi qui passe la vie dans les bouquins, les ratures, la musique, les poèmes, le beau, le tralala du beau total, wagnérien, combinant tous les arts, dont papa nous rebat les oreilles à tous les repas. Non, pas la lune que j'irais ou non décrocher, d'ailleurs, mais d'être un bon élève et donc un bon fils, c'est tout ce que tu me demandes. Un bon élève apprend sa leçon, un bon élève est un bon élève uniquement parce qu'il est consciencieux, cherche à s'améliorer. Tu me demandes d'avoir bonne conscience et ça je ne l'ai jamais eue, tu me demandes d'être heureux dans ma peau et l'enfant ne peut être heureux s'il est un mauvais élève, un perpétuel souci pour ses parents. Que c'est fatigant, maman, cet enfant désobéissant, pagailleur, en vadrouille, à la fois content d'être en vie, joyeux, et terrifié de n'arriver à rien sur les bancs d'une école, insoumis, toujours prêt à broder pour prendre la clé des champs, toujours prêt à jurer, comme si les grands dieux n'existaient que pour donner aux filous une ultime chance d'être crus par une mère qui pardonne et sauve la parole donnée. Je n'ai rien compris, maman, cet après-midi-là. Quelle bizarre conversation nous avions, dis-moi. Je t'en voulais d'avoir l'air de supposer que je m'ennuyais à la maison, avec toi. Je ne comprenais pas où tu voulais en venir et, pour la première fois, j'avais l'impression que tu cachais quelque chose, et que si quelqu'un mentait, se défilait, c'était toi. Tu n'en menais pas large, maman, malgré ta clope, et moi je me sentais fort, bouffi d'un orgueil d'homme accompli devant qui sa mère baisse les yeux.

— Ta sœur pense que tu as du génie. Elle connaît par cœur ton poème du *Pendu*. Elle le fait lire à tout le monde.

— Tu en es sûre, maman?

— Ça ne veut pas dire que tu dois te relâcher au lycée, bien au contraire.

— Je travaille, maman.

— Tu te la coules douce, mon vieux. Tes cahiers sont des torchons, tu dessines partout, il te faut un cadre.

— C'est quoi, un cadre, maman?

— Ce sont des limites. Tu ne peux pas les franchir sans danger. J'aimerais qu'on en parle.

— Tu me dis que je m'ennuie, que j'ai besoin d'un cadre, de limites, j'ai du mal à suivre.

Toujours ce regard où il se tramait quelque chose de lointain que je n'arrivais pas à saisir.

Aujourd'hui, sous un tel regard, je serais moins désorienté. On apprend à discerner la peur dans les yeux des autres, et d'autant plus qu'ils vous aiment et s'efforcent au naturel pour dérober le spectacle obscène de leur désespoir, leur lot.

— Ton père et moi avons pris une décision à ton sujet, mais j'ai besoin de ton accord.

— C'est quoi, la décision?

— Ça me fait beaucoup de peine, mon biquet. C'est de plus un gros effort financier pour ton papa. Tu vas aller en pension chez les frères des Écoles chrétiennes, à Dreux.

— Maman, c'est une blague ?

— Tu rentreras à la maison tous les samedis. Tu as besoin de travailler dans un cadre un peu strict pour avoir ton bac. Je ne suis même pas sûre qu'on te garderait à Buffon.

— Mais qu'est-ce que j'irais foutre en pension ? Je ne suis pas un enfant de troupe !

— Tu es un enfant gâté, tu n'y es pour rien. C'est ta dernière chance de te mettre sérieusement au travail avant l'année du bac. À Dreux, ils font beaucoup de sport, ils sont même réputés. C'est une école pour toi. Nous pensons, ton papa et moi, que tu ne pourras qu'être heureux dans un milieu scolaire où le sport a presque la même importance que les maths, comme chez les Grecs.

— Je serai pensionnaire, j'aurai une petite casquette de pensionnaire, une petite jaquette à macaron ?

— Ne dis pas de bêtises… Je t'écrirai, je t'enverrai des colis, tu seras bichonné à distance. Ce n'est même pas à cent kilomètres de Paris. Je trouve que tu as beaucoup de chance.

Triste était sa voix sur ces derniers mots.

— En fait, tu es assez contente de me voir partir.

Je vois ses doigts s'enlacer d'une main à l'autre et se frotter nerveusement. J'interprète ça comme un signe de faiblesse ou de honte, je me sens trahi par celle que j'aime plus que tout. Elle est bien consciente qu'elle me trahit, non ? On ne prend pas un goûter aussi copieux, festif et semi-clandestin tous les jours avec son fils quand il revient du lycée, pour s'en débarrasser en pension au premier prof qui veut sa peau.

— C'est une idée de papa, au moins? Il en a marre que je chante la messe aux waters?

— C'est un peu scabreux, reconnais… Pour la décision, nous l'avons prise ensemble, ton père et moi.

— Dieu n'avait qu'à pas inventer le transit intestinal s'il ne voulait pas que je chante aux waters, dis-je – et je poursuis cet échange en filigrane en direction des chers frères. Une pension de curés, c'est forcément son idée. Vous ne vous êtes pas dit à la même seconde et d'une même voix: « On va le fourguer l'an prochain aux frères des Écoles chrétiennes, il fera du sport, il ne chantera plus l'Angélus entre deux chasses d'eau. »

— Mon chéri, je te jure que tu as tort. Ton père est aussi malheureux que moi.

— Malheureux, papa? Mais de quoi? Que j'aille en pension? Tu veux dire que c'est inespéré. Il est tellement triste qu'il n'a pas jugé utile de m'en parler avec toi. Il va devoir sortir son gros cahier de chèques, mais le jeu en vaut la chandelle.

J'avais comme un rire dans la poitrine, un de ces rires qui font pleurer.

— Ton père ne rajeunit pas. Il travaille comme un forcené pour nous tous.

— C'est un bosseur, il aime ça.

À l'honneur de maman, le fait qu'elle ne mette jamais en difficulté l'adage universel depuis les primates armés de pierres taillées: l'autorité vient du père. Je ne l'ai jamais vue refuser publiquement à son mari ce rôle de juge ou de justicier domestique, gardien solennel de la chose morale, dont il aime les drapés et les fulminations. Je l'ai vue refuser d'agir en son nom, aux repas, quand déléguant son régalien pouvoir de châtiment corporel, il lui ordonnait de gifler mon jeune frère, et maman lui posait le dos de la main sur la joue. Au lieu d'une gifle, mon frère écopait d'une caresse de maman.

— Maman, j'ai dit, on en est où du déménagement ?

— Ça va se faire, mon chéri… C'est long, on est moins pressés depuis que ta sœur est partie.

— On ira où ?

— Quelquefois je me dis qu'on pourrait quitter Paris, aller vivre loin.

— Ce serait génial, maman. Moi aussi j'aimerais vivre loin quelque temps. Tu te souviens quand on était en Suède, à l'hôtel Gondolen ?

— Ensuite on avait pris le train pour Edane. Un homme ivre, dans le wagon, m'avait donné une couronne et ton père trouvait ça charmant qu'il soit ivre et soit le premier à te faire découvrir la beauté du paysage suédois.

— Je me souviens, maman. J'avais six ans et je me souviens.

— On a des souvenirs à six ans. Il paraît qu'on en a même à six mois… On allait se baigner à l'île de Skorven avec le canot à motogodille de l'oncle Rolf, il fallait se dégager des nénuphars à la rame et ensuite on lançait le moteur.

— On pêchait à la traîne, on n'attrapait rien du tout.

— Tu es sûr ? Je me rappelle un fameux brochet.

— Un souvenir de brochet, maman : un fameux souvenir de brochet, c'est ça que tu te rappelles. Papa nous racontait comment il avait attrapé un seul et unique brochet en mouillant une nasse avec Rolf, quand il était lecteur à Uppsala, dans les années 1930.

— Je revois ce brochet haleter à l'arrière du bateau, sa bouche arrachée par l'hameçon, un œil incroyablement beau.

— Il n'y avait pas de brochet, maman, tu confonds.

— Et que s'était-il passé avec la fourmilière à côté de la maison?

— Une fourmilière, c'est vrai, une vraie montagne. La vipère mangeait les fourmis, l'oncle Rolf l'a tuée d'un coup de hache sur une souche, elle continuait à se tortiller ensanglantée. J'en ai rêvé toute la nuit. Je rêvais beaucoup en Suède… J'avais peur dans cette maison silencieuse où l'on voyait clair à travers l'obscurité.

— Moi aussi j'avais peur. Mais je dormais profondément.

La cuisine autour de nous, le canot à motogodille de l'oncle Rolf amarré au ponton, bâché de blanc avec des tendeurs roses, des gouttes de rosée sur la bâche, les mêmes grosses gouttes perlées que sur les nénuphars. La cuisine autour logeant le souvenir du canot verni clair à motogodille, et maintenant cette page de cahier logeant les deux souvenirs, cuisine et canot, et les rattachant comme les losanges de l'Arlequin.

Il y avait un appentis près du ponton, où l'oncle Rolf cachait dans le tiroir d'un bureau qui servait de caisse à outils les sept rasoirs de feu son père, un pour chaque jour de la semaine, le nom de chaque jour forgé dans le métal du rasoir. Cet appentis, une vraie maison au bord du lac, était la maison des outils. On voyait les nénuphars par les fenêtres, on voyait des mouches d'eau bondir et méditer, s'affairer, la pointe de leurs longues pattes fronçant l'eau sans la crever.

L'oncle Rolf m'avait prêté une masse Wilkinson pour planter des clous à tête zinguée dans une planche branlante du ponton et maman m'avait dit : « Tu plantes drôlement bien les clous pour ton âge. » Et l'oncle Rolf avait renchéri : « Pour six ans, il plante bien les clous, la masse pèse un sacré poids. » Je m'étais imaginé des milliers de petits blondinets de six ans incapables de soulever cette masse et de planter le moindre clou, alors que moi j'y arrivais, moi qui n'étais pas suédois, je plantais des clous au bord du lac Värmeln, les poumons tapissés de cette odeur de sapin que la scierie des environs exhalait comme une haleine à travers l'odeur de la forêt.

— On avait passé tout un mois là-bas, dit maman, chez nos amis suédois. Je me demande si ce ne sont pas les plus belles vacances de ma vie.

— Ce n'est pas L'Aber ou Belle-Île ?

— J'étais vraiment très heureuse en Suède, l'été 55.

Moi, très malheureux les premiers jours, ayant appris la veille du départ que Christine Coste, la grande amie de ma sœur, la fille aux nattes éclatantes, n'habiterait plus Paris après les vacances, mais à Can-Partère, au sud de Perpignan. Ça fait un mal de chien, ce genre de nouvelle. On se dit qu'on ne s'en remettra jamais. On a six ans, on ne connaît pas le mot « suicide », on pense que la vie s'arrête là, qu'il est inutile de respirer. Le matin de l'arrivée à Stockholm, j'ai rendu à la Compagnie des Wagons-Lits une couverture trempée de larmes.

— Il y a eu des histoires avec les enfants. Pourtant les parents ont pris parti pour leurs enfants.

— Ça me dit quelque chose, en effet. On était vraiment heureux. Ils avaient une bonne qui s'appelait Mme Falk, tu l'aidais à battre les tapis derrière la maison.

— La grosse Mme Falk... Ce n'était pas la mère de ce voyou de Lenharte ?

— De qui parles-tu ?

— Ce garçon qui a lancé une pierre coupante dans l'œil d'Hervé, à cause d'un but... Il était furieux qu'il joue au foot mieux qu'un Suédois. Hervé a failli perdre l'œil et l'oncle Rolf disait que Lenharte était un brave type qu'on pouvait croire sur parole, que s'il disait que le caillou lui avait échappé des mains c'était la vérité... Ce Lenharte avait une prunelle de tueur.

D'après Hervé, contredit par Youhan et Lilan, Lenharte lui aurait d'abord frotté l'œil avec la pierre comme s'il cherchait à le sortir de l'orbite. Si Mme Falk n'était pas arrivée, il serait rentré avec un œil en moins.

— On prenait les repas au bord du lac... On était entourés de mésanges et d'écureuils. Vous faisiez des parties de ballon au crépuscule dans l'immense pré où les gens de la scierie stockaient leurs palettes de planches. Un jour il y a eu un orage et vous vous êtes réfugiés dans une espèce de wagon sur cales en plein milieu du pré.

— Ça je me souviens, maman. Papa trouvait ça merveilleux, les énormes gouttes de pluie, il cherchait à les attraper comme des mouches, c'est peut-être la seule fois où je l'ai vu rire en montrant ses dents.

— Et les *petites promenades*, tu t'en souviens ?

— Elles duraient des heures et des heures, les *petites promenades*. On ramassait des myrtilles et des fraises miniatures en marchant, comme je n'en ai jamais vu ailleurs ou mangé. On disait qu'il ne fallait pas se perdre, on se hélait sans cesse et je me suis perdu quand même en faisant ces cueillettes. Qu'est-ce que j'ai pu être seul durant quelques minutes, sans vous, j'avais peur de tout, même des fraises, et je ne savais pas où aller.

— C'est Lenharte qui t'a retrouvé.

— Il était malin celui-là, un vrai salaud.

— Il a dit qu'il avait passé la nuit à te chercher et que tu dormais quand il t'a retrouvé.

— Un beau salaud, c'est lui qui m'a retrouvé.

— Oui, et il savait où tu étais, comme s'il n'y avait pas deux endroits où l'on pût se réfugier dans la forêt des lacs quand on s'est perdu.

— J'allais n'importe où, je faisais des kilomètres.

— Tu étais blotti dans un arbre creux à l'endroit précis où, deux ans plus tôt, la sœur de Lenharte avait perdu sa poupée. Et deux ans plus tard Lenharte l'avait retrouvée au même endroit. Il se dit… qu'il avait déjà vu quelque chose de semblable auparavant dans les illustrations d'un livre, c'est à peu près ce que maman a raconté, un mégot refroidi entre les doigts. Elle se souvenait? Elle rêvait? Elle avait eu besoin de parler, de supposer que ce Lenharte n'était pas si mauvais et qu'en me cherchant et me retrouvant il cherchait à s'excuser d'avoir frotté l'œil d'Hervé avec une pierre au risque de l'arracher…

Elle ressassait nos histoires de Suède comme on rebrousse le temps pour fausser compagnie à la minute présente et se cacher dans la minute ancienne, comme au creux d'un arbre mort. Ensuite, elle me décrivit la maison des Edgren au bord du lac Värmeln, au cœur de la Suède, une maison tout en bois gémissant sous un enduit rosâtre, me demandant si je pourrais vivre là-bas, s'il serait envisageable pour des citadins tels que nous de supporter la lenteur d'une existence en pleine nature sans éprouver cet ennui quelquefois mortel qui réduit les enfants suédois au désespoir.

Il y avait un hibou qui chantait la nuit, il y avait un rossignol qui chantait, il y avait la lune au-dessus du rossignol et du hibou, de la maison et du canot verni, des eaux silencieuses, il y avait un chemin terreux qui menait au village à travers la scierie, il y avait un marchand de glaces au bout du chemin, il y avait... Maman n'arrêtait pas de parler, de retourner en Suède et d'y être encore avec des mots qui donnaient au temps l'illusion d'avoir perdu la partie.

... il y avait maman qui s'était mise à pleurer dans le petit train d'Edane à l'instant du départ, maman dans le présage de la chose finie sur laquelle on fait une croix si l'on veut, mais de ses larmes elle n'a rien dit.

À ce moment j'ai soupiré sans réfléchir :

— Ça sert à quoi de m'envoyer chez les frères, si l'on part vivre loin ?

Elle répondit que c'était l'affaire d'un an. Ça passerait vite. On déménagerait, une autre maison, la nature, la musique, les pianos...

On a mangé des bonbons au maté, on est allés voir mon père dans la salle de bains. Il était torse nu, pour se laver il claquait sa chair avec une serviette mouillée puis se frictionnait à l'eau de Cologne. Il avait un corps bien fait, la peau blanche, une excellente odeur que j'aimais respirer tout petit quand il me hissait là-haut, sur ses épaules de géant, et que je frottais ma joue contre son oreille, en regardant la grand-route de L'Aber monter vers l'azur, passer devant chez Eliés le menuisier et s'effacer entre deux poteaux télégraphiques... Et mon père chantait en marchant, sa cage thoracique vibrait sous moi comme une machine...

Il se rasait, le rasoir d'Uppsala lorsqu'il était lecteur de français, une face de père Noël avec cette mousse onctueuse comme de la chantilly, ses fines lèvres roses ayant quelque chose d'obscène dans cette blancheur.

— Il est d'accord pour l'internat chez les frères, a dit maman, il n'a pas fait d'histoires.

Mon père a hoché la tête, je le voyais dans la glace fendillée, pensif, ployé vers le lavabo. Il avait énormément travaillé au cours de sa vie, énormément souffert, espéré, et c'était des tonnes de souvenirs, à la fois bons et calamiteux, qui lui voûtaient la colonne vertébrale, l'un des plus lourds étant la ville de Brest où il avait marché parmi les gravats et les miasmes après l'incendie. Il faisait penser aux Atlantes de Puget, courbé qu'il était parfois sous le fardeau grandissant des bons et mauvais souvenirs.

— Il n'a pas protesté, a dit maman, il est d'accord pour Dreux.

On entendait le rasoir de mon père agité dans l'eau savonneuse du lavabo.

— Il travaillera dur, a dit maman qui s'avançait beaucoup sur un terrain où je lambinais, et les lèvres de mon père accusèrent un pli d'ironie. Tu es satisfait?

Il a répondu :

— On verra.

J'ai pensé qu'on pouvait ressortir, mais il m'a parlé, demandé si l'internat me semblait une bonne solution. C'était étrange qu'il sollicitât mon avis.

— Une solution à quoi, papa ?

— Allons, p'tit vieux, allons...

J'ai dit pour aller dans son sens, c'est du moins ce que j'ai cru, je parlais à la cantonade :

— C'est vrai qu'on ne s'entend pas très bien, papa et moi.

Les bruits du rasoir ont cessé, mon père a posé les mains sur le rebord du lavabo, il était voûté, je voyais la peau blanche de son dos tendue par les osselets empilés de sa colonne vertébrale et aussi la ceinture de flanelle panacée qu'il portait hiver comme été...

Un tel silence que j'ai dit :

— C'est vrai qu'on a une drôle de relation, papa et moi, mieux vaut que j'aille en pension quelque temps.

Alors maman s'est mise à pleurer sans bruit et mon père m'a regardé. Encore aujourd'hui, j'ignore pourquoi ces mots l'ont touché au vif et pourquoi ma mère s'en est émue, et moi aussi. Peut-être avais-je formulé ce qu'un malentendu protégeait depuis des années, un non-dit, et que le formulant avec ce naturel je l'avais rendu scandaleux. Peut-être étais-je en train d'annoncer à papa que je partais chez les frères pour me sacrifier à son amour-propre, le débarrasser d'un fils qu'il se reprochait amèrement d'avoir engendré.

Il me fixait, gêné, le rasoir ballant.

— Écoute, m'a-t-il dit – ce sont vraiment les paroles dont il s'est servi dans une salle de bains que parfumaient le savon à barbe et la fraîcheur de sa peau blanche –, écoute, p'tit vieux, et dis-moi si tu te sens exclu de la cellule familiale ?

J'ai trouvé ça beau, cette expression, j'en ai frissonné d'admiration, qu'est-ce qu'il parlait bien mon père, tellement mieux que les profs.

— C'est entre nous deux, papa, je ne me sens exclu de rien.

Il tenait son rasoir en l'air comme il aurait tenu son Waterman ou une bougie. Il a soupiré, la mine accablée, une moitié du visage fourrée de mousse à raser. Il n'était ni réprobateur ni méfiant, il avait le cœur mis à nu, il ne comprenait pas ce qui lui arrivait, la vie ne cessait de cogner sur cet homme aussi généreux qu'égoïste, prodigue de son ardeur au travail et de son intelligence, avare de son amour.

— Si tu penses, m'a-t-il dit d'une voix fluette, éraillée, si tu penses que j'ai des torts envers toi, on peut en discuter.

Moi, le fils indigne, moi, dire à mon père qu'il avait tort…

— C'est moi, papa, je vous donne du souci. J'ai tort.

Il a froncé les sourcils puis il a répondu :

— On va dire la chose suivante, si tu veux. On va dire qu'on en prend chacun la moitié sur soi. S'il y a des torts, on les partage toi et moi. Est-ce que ça te va ?

J'ai rougi.

— Tu n'as aucun tort papa. Tu es mon père.

— J'ai peut-être des torts après tout… La moitié chacun… Si tu travailles dur chez les frères, tu t'en sortiras.

Ma mère pleurait doucement dans son coin, assise à demi tournée sur le rebord de la baignoire.

C'est dans ce climat qu'en juin 1966, au sixième étage, s'est décidé avec mon accord non le déménagement collectif des Queffélec mais le mien, pour aller à l'internat, une mise à l'écart dont je comprendrai le sens plus tard, exactement trois ans plus tard, en mai 1969, quand mon enfance tournera court et que les mécanismes de toutes les horloges existantes deviendront fous à lier.

28

L'été 1967, le bel été 1967, l'été qu'on ne peut se remémorer sans avoir la chair de poule. L'été 1967 entre ciel et mer, semé d'îles et d'étoiles, l'horizon chaviré des constellations. L'été 1967 assoupi dans une chaleur de ventre de femme, l'été 1967 au large du fric, des internats, de ces lieux damnés où l'homme en blanc, souriant, lotionné, vous dit : ce n'est qu'un mauvais quart d'heure à passer, tout le monde y passe, il fait beau... L'été 1967, le dernier que nous allions passer en famille. Je souhaite à vous toutes et tous qui lisez ces lignes d'avoir une fois dans votre existence connu la chance d'un été pareil, sinon l'été 1967 lui-même à Belle-Île-en-Mer. L'automne 1968, je ne le souhaite à personne.

Je regarde mes souvenirs pour m'en souvenir, ayant appris à mes dépens que la mémoire est un prisme facétieux où le temps perdu se perd une seconde fois si l'on néglige de l'observer. Je regarde le wagon du train campagnard d'Auray où nous avons pris place en direction de Port-Maria, le port de Quiberon. Le train magique de la presqu'île s'appelle *Tire-Bouchon.* La route parallèle à la voie ferrée s'appelle Bouchon. On a la mer des deux côtés, plus claire au sud, plus menaçante au nord. Le bleu joue entre les hautes herbes recourbées des remblais sablonneux. Je regarde le quai d'embarquement et la cale en pente où le *Guerveur*, noir de coque et blanc de pont supérieur, enfourne et déglutit la queue-leu-leu des voitures en route pour Le Palais, Belle-Île-en-Mer. Je regarde se tendre avec un long gémissement du chanvre étiré l'amarre du *Guerveur* qui s'incline un peu sous le poids des camions lorsqu'ils montent à bord, faisant grincer du métal sur le quai. Je regarde l'eau d'un bronze étincelant autour du bateau, bleue à la sortie du port, presque violette à l'horizon, le soleil à l'infini.

Mon père dit : « C'est à nous. » J'attrape un maximum de valises, je m'avance derrière lui vers l'entrée passagers du *Guerveur*. Nous grimpons des échelles, nous nous installons sur la plage arrière et je m'accoude au bastingage, je guette en bas le moment où l'hélice va tourner, l'eau bouillonner et blanchir, le bateau s'éloigner insensiblement du quai, l'amarre larguée fouetter la surface de l'eau avec une violence de nageoire…

Je regarde mes souvenirs, maman bavardant sur une banquette avec ma sœur, mon père debout, l'air grave, absorbé dans ses pensées qui mélangent les saisons, mes deux frères… eh bien, j'ai du mal à voir mes frères, à les imaginer dans mon souvenir, et pourtant ils sont du voyage, de ce dernier été dont le bonheur va nous coûter cher à tous.

Ma mère ouvre un flacon d'alcool de menthe et le fait respirer à Tita avant de le respirer. C'est un remède au mal de mer, comme les réglisses Florent. Je regarde l'île apparaître et grandir par-dessus les remous et la houle. C'est incroyable comme il fait bon, comme il fait chaud sur l'océan, incroyable comme nous sommes accueillis à bras ouverts. À quoi je pense? À la pension? Je m'en fiche de la pension, des profs, des appréciations blessantes, du chantage à l'avenir. J'arrive à la mer, ça vous lave une âme de toutes les humiliations, et j'ai deux mois d'océan sous les yeux. C'est comme une belle somme d'argent, si belle qu'elle paraît impossible à dépenser, et quand on parvient au dernier centime, on aimerait se dire : c'est le début de la fortune, mon gars, mais on se dit : c'est la mort, un magot de clochard.

Arrivé au Palais, il fait encore bien plus chaud, les murailles de la citadelle Vauban emmagasinent et réfractent les rayons lumineux. Le *Guerveur* s'amarre à quai devant le café La Frégate où l'on voit régulièrement l'actrice Arletty boire une absinthe vert pâle à la terrasse, planquée derrière ses lunettes noires, toujours de blanc vêtue. Le chauffeur de taxi Bienstock est venu nous chercher. Papa nous dit qu'il descend des Acadiens. Papa nous fait un cours sur l'Acadie d'où sont originaires les Bellilois. En 1755, le traité d'Utrecht devait octroyer définitivement l'Acadie aux Britanniques, et les insoumis français affluer à Belle-Île…

Papa est à l'avant du taxi, maman derrière avec les enfants, moi sur un strapontin. Nous roulons vers le sud par la radiale, une route bitumée qui traverse l'île sur toute la longueur, du phare de Kerdonis au phare des Poulains. Nous allons au village d'Arno, presque un lieudit, une poignée d'âmes en pleins champs sur les hauteurs de Locmaria. Nous arrivons sur la place d'Arno, accueillis par une fontaine et un gros arbre des plus tutélaires dont j'ignore le nom. Nous nous extrayons du taxi. Nous respirons la douceur du patelin avant d'être pris en charge par une dame à tablier jaune, appelons ça une dame, une personne boulotte, édentée, le poil gris, la prunelle futée, des clés à la main, notre logeuse Mme Paboul, venue nous faire les honneurs du taudis que nous avons loué pour juillet. Au prime abord, la baraque est un taudis, un galetas. Qu'est-ce qu'un taudis, mon Dieu? C'est l'idée qu'on a des choses, et cette maisonnette craquelée, percluse au fond d'une cuvette, accroupie dans les herbes à moustiques, repousse au diable bouilli l'idée prestigieuse qu'un enfant conçoit d'une villa au bord de la mer, dans une île au sud, une île du Levant morbihannais, tendue vers les confins espagnols, au mois de juillet, ombragée sinon par les palmes des cocotiers, du moins par des végétations comme il en prolifère sur la Riviera.

— Vous serez bien, dit Mme Paboul. Il y a l'eau courante à la cuisine.

Il n'y a pas la mer, la mer ne court pas autour de la maison.

— Vous pourrez manger dehors le soir.

Dehors, c'est un *no man's land* miniature occupé par un antique sèche-linge, puis c'est la brousse, le fouillis.

— On vous a mis des tableaux aux murs pour faire joli.

Dans la cuisine, au-dessus de l'évier, une biche aux fesses d'entraîneuse boit lascivement à la rivière, le mâle ne saurait tarder. Sur tous les murs de la maison, des cerfs et des biches qui crèvent de soif et se grimpent dessus dès qu'on a le dos tourné.

— C'est mon mari qui les fait, il n'a pas osé venir, il est intimidé quand il connaît pas.

Son mari est gardien de prison. Il arrive enfin, pas si timide que ça. Il sort les verres à pied du buffet, la bouteille de blanc. Un pot de bienvenue. On trinque. En deux gorgées, Mme Paboul a fini.

— On vous laisse la moutarde et le ketchup, faut pas vous en faire. Et si vous avez besoin, vous n'hésitez pas avec nous. Si y'a quoi que ce soit, on est là. Des fois qu'il y aurait une ampoule à changer… À la bonne vôtre !

Un gardien de prison retraité, une infirmière qui s'occupe des vieux, les pique, les retourne et les nettoie sans dégoût : on est tous des enfants du bon Dieu, on va tous où c'est que le bon Dieu va à pied. Comme je dis.

Les petits coins, faut marcher un peu, c'est mieux pour les odeurs. On suit le sentier. On peut pas se perdre. On vous a mis du papier-journal sur le crochet. Ça fait comme le vrai papier.

— Et la politique, c'est de la merde, soupire M. Paboul, l'intimidé. À la bonne vôtre.

— On habite la maison d'à côté, mais avant c'était chez maman, ici, on y est très attachés à cette maison. Là-haut, c'est plus commode pour se garer, chez maman.

— Elle est morte ça fera pile un an le…

— Quand est-ce que ça fera un an qu'elle est partie ?

Elle me regarde, elle a des yeux couleur d'huître, à mon avis elle trouve que j'ai une drôle de tête. Elle m'a à la bonne, elle sourit. Elle se ressert à boire et veut resservir maman qui retire son verre en disant non, elle arrose un peu la toile cirée.

— Ça passe, comme ça passe… Et si vous avez besoin qu'on vous emmène visiter, on a la voiture.

— La voiture de maman, elle était ambulancière… On va peut-être vous laisser vous installer, faites comme chez vous, et vous étonnez pas si vous avez la visite de Boucan, il est un peu dur de la feuille.

Boucan, c'est le chien-loup de M. Paboul, une bestiole solide mais tellement âgée qu'on n'a pas besoin de savoir quand elle est née.

— Il s'est jamais habitué à vivre ailleurs qu'ici. Il ne se rend pas compte quand il aboie, sinon il aboierait pas. Il a vraiment les portugaises bouchées.

— C'est un bon chien qui vit dans son monde à lui, comme tous les vieux.

Boucan mordrait Hervé quelques jours plus tard, Boucan m'empêcherait de rentrer à la maison, il déféquerait devant la cuisine, Boucan gênerait papa pour écrire. Il faudrait l'enfermer. Comme tous les vieux.

— Moi je ne vous conseille pas de le caresser, il a ses têtes…

— Il est pas bien méchant, c'est un enfant du bon Dieu. Ils ont leurs têtes, les enfants du bon Dieu.

— Surtout les vieux chiens. On va peut-être vous laisser.

— Mon mari a d'autres tableaux chez maman. Je vous dis ça des fois qu'il pleuvrait. Il peignait les détenus en prison. Trois condamnés à mort et un gracié qui avait descendu son épouse avec la faux… Ah, c'est des bigorneaux dans l'évier, c'est pour vous. C'est moi qui les ramasse à basse mer sur les cailloux. Vous n'aurez qu'à finir le blanc.

Ce soir-là, malgré ma première impression désastreuse en sortant du taxi Bienstock, force est de reconnaître que l'humeur fut bonne et le dîner prolongé. J'avais bricolé un éclairage extérieur dans un arbuste avec une rallonge et une lampe de salle à manger. Quelle rigolade, ces Paboul, quel couple sorti du musée des horreurs : quels maboules, ces Paboul. On en riait aux larmes. On n'en finissait pas d'imiter Mme Paboul en train de siffler son gros-plant d'une main tremblante, et papa disait qu'il irait faire un tour chez eux, voir à quoi ressemblaient les détenus en peinture, le gracié. Il avait quelque chose, ce sacré Paboul, le sens des perspectives.

— En tout cas, je ne risque pas de monter dans leur voiture ou de leur confier Tita pour l'emmener au Palais.

— À bicyclette, c'est tuant... Toutes ces côtes !

— Ça vous fera du bien, les garçons.

Mon père avait pris langue avec le curé du Palais pour utiliser le piano du presbytère. On ne savait pas comment transporter ma sœur là-bas. Le curé s'était proposé moyennant défraiement, mais on aurait préféré aucuns frais. Peut-être les amis Kraft, eux-mêmes en vacances à Arno, quand ils descendraient au Palais faire les courses, si les horaires convenaient. Et sinon, la 2CV du père Taglioni...

Le père Taglioni, trente-huit ans, devait fuguer avec la pharmacienne du Palais quelques mois plus tard. Ils partiraient sans laisser d'adresse, contre toute attente. Ainsi vont les îles. Ainsi va Belle-Île où le *singe*, comme chez les Malais l'*amok*, désigne cette folie topique prête à désagréger les caractères les mieux trempés, fût-ce celui d'un homme de Dieu.

29

Le bonheur est un contretemps qui perd beaucoup du fait qu'il éclot et s'épanouit justement quand il sort du jeu. Nous avons été heureux comme jamais chez les Paboul, dans cette maison des merveilles. Par chance nous n'avions jamais vu sa photo ni respiré son odeur avant d'en payer les arrhes. Ce n'était pas le pimpant confort à la suédoise au bord d'un lac. C'était à la mer sans être à la mer, c'était croulant, cracra, ça provoquait des rires nerveux quand les fourchettes pliaient, les couteaux se brisaient net, ou quand on découvrait des crottes de souris sous les oreillers ou des guêpes d'un autre âge affalées dans les cerises au kirsch d'un prisonnier reconnaissant, mais par le plus grand des mystères on passait de bonnes vacances, on était bien, et Boucan ne radinait pas son museau fendillé qu'il ne trouve une barbaque à grailler dans un coin.

En haut du chemin, l'horizon nous encerclait d'un tour complet, les alouettes grisollaient sur une lande rousse et, dans la brise enfiévrée du sud, un désir de filles chantonnait des promesses – les filles, les filles, les filles, les filles à Belle-Île-en-Mer, l'été 67, les nuits couché sur la plage de Bordardoué…

Le matin, mon père allait faire les courses au Palais, bicyclette, sac à dos, chandail gris à torsades tricoté par une sœur Thérèse qui œuvrait pour lui toute l'année, qui l'aimait. Nous, les garçons, le rejoignions à la supérette Illiaker. Nous prêtions nos jeunes muscles au transport des patates et des fruits, papa se chargeait du vin qui pointait deux goulots hors du sac. Chez Mme Illiaker, il y avait une petite vendeuse brune, jolie, le sein bien rond sous la blouse bleue. Aimable personne. Je lui disais bonjour : elle riait. Je lui disais au revoir : elle riait. Je lui souriais : elle souriait. Je l'aurais embrassée : elle m'aurait embrassé. Occasion perdue.

Occasion retrouvée deux ans plus tard au bal du 14 Juillet. Je l'embrassais : elle m'embrassait, elle en embrasserait d'autres, elle irait de baiser en baiser.

L'après-midi, c'était baignade, nous retrouvions nos amis Kraft à Bordardoué, la plage sous le vent. J'étais le marin des Kraft, le skipper. Ils me prêtaient leur Ponant 43, un magnifique dériveur à foc rouge, pourvu que j'emmène leurs filles batifoler en mer et s'arc-bouter debout sur le plat-bord du voilier gîté, les bras au ciel, le corps au-dessus de l'eau fouetté par les embruns, retenu au mât par la force d'un câble et d'un mousqueton qui parfois cédait, moi prenant un plaisir fou à lofer bout aux lames pour inonder mes belles équipières dont les éclats de rire m'inondaient et m'allaient droit au sang.

Un après-midi, j'emmenai maman. Elle ne monta pas au trapèze. Elle wincha plus ou moins. Elle dit qu'elle trouvait ça follement amusant, sportif, et que j'étais un crack. Nous allâmes au plus près, jusqu'à la pointe de

Taillefer, nous revînmes grand largue, et je pense qu'on filait à huit nœuds par force 3, avec des souffles à 4. J'avais beau aimer maman, je l'aimais avec l'égoïsme d'un fils, il me tardait de la ramener pour embarquer une des filles Kraft. Le vent tomba passé la pointe et le Ponant se traîna sur une mer d'huile.

— Jean, me dit maman, ça te dirait qu'on achète un bateau ?

— Grand-père a un bateau, maman, à L'Aber. C'est nous qui nous en servons.

— Je te parle d'un bateau pour ici. Nous dépendrions moins des Kraft.

— On a les moyens de se payer un Ponant ?

— On commencera par un petit bateau, et dans quelque temps on verra plus grand. L'an prochain.

— Génial, maman, un bateau grand comment ?

— De quoi faire un peu de croisière avec ton frère Hervé. J'aimerais que tu l'initie à la voile.

— Sans problème, maman.

Ça m'enchante, cette affaire-là, un bateau à nous. J'imagine que maman possède une cagnotte qu'elle est sur le point d'investir dans un puissant croiseur destiné à ses fils. Ils sont cachottiers, les parents, ils vous répètent qu'ils ont du mal à joindre les deux bouts, ils louent des maisons qui laisseraient perplexe un garde-barrière, mais ils vous paient un voilier habitable.

— Et tu veux l'acheter quand, maman, ton petit bateau ?

— Demain.

— Demain ? Mais où ça ? On ne vend pas de voiliers à Belle-Île, maman.

— Je sais où en trouver. N'en parle à personne. Est-ce que tu es content?

— Tu parles, un voilier!... Sauf qu'on ne vend pas de voiliers sur l'île.

— On ira demain, toi et moi. On dira qu'on accompagne ta sœur au presbytère et tu seras étonné. Et dès l'après-midi tu pourras donner ton premier cours de voile à Hervé, sur un voilier à nous. Plus besoin d'emprunter le ponant des Kraft.

Le lendemain, par grand soleil, nous entrons chez Iatou ma mère et moi, au Palais. M. Iatou, comment l'appeler autrement, une espèce de forban pané, la casquette inclinée sur l'oreille, roule ses mécaniques à l'entrée d'un bazar obscur pour frères de la côte, un shipchandler de pacotille. N'importe qui aurait invité à piocher dans ce butin mélangeant les étoiles de mer et les serviettes hygiéniques, les têtes de crabe et les poignards de plongée, les paréos, les raquettes de plage, les éclats d'amphore, les harpons priapiques de chasseurs de marlins, les moulinets étincelants, cannes à pêche, bigorneaux rosâtres, hors-bord, ballons, pansements, crèmes solaires, et bien sûr, pendues à l'extérieur et se balançant au vent, toutes sortes de litières pneumatiques imitant cygnes, crocodiles, requins, tortues, et dégageant une forte odeur de vinyle.

C'est auprès de M. Iatou que maman s'enquiert de l'achat d'un voilier disponible aussitôt. Telle est ma foi en elle que je crois à l'apparition d'un voilier neuf à foc rouge dans un antre où le bateau, malgré cette forêt d'accessoires, brille par son absence.

— Si j'ai des voiliers à vendre?

— Un voilier suffira, monsieur, oui. Pas trop cher. C'est pour apprendre.

— Quel genre de voilier?

— Quel genre de voilier? me demande maman.

Je réponds :

— Un dériveur…

Iatou me regarde avec intérêt. Il se dit : voilà un jeune homme qui sait prendre l'argent où il est. Il se dit : je n'aurais pas fait mieux. Il se dit qu'il n'a peut-être jamais vu la queue du marlin, mais qu'il pourrait bien attraper maman grâce à moi, autrement dit se remplir les poches à bon compte. Il en a marre de vendre des cartes postales romantiques et du baume à lèvres, assez du marché des paréos *made in China*. Une belle vente enfin. Il y a cette rapacité dans son regard ombragé par la casquette blanche.

— C'est toi qui fais de la voile?

— Oui, monsieur.

— C'est bien… Tu es allé au Canada?

— Non, monsieur.

— Ils ont des canoës à voile. C'est très sportif, ça franchit les rapides. Il y a deux dérives latérales, on ne risque pas de s'ennuyer. Au bout des rapides, il y a des estuaires comme le golfe du Saint-Laurent.

Il me parle chinois. Je ne vois pas où il veut en venir. J'ai l'impression qu'il n'en sait rien.

— Vous n'avez pas de Vaurien?

— Les canoës sont les Vaurien des Indiens cherokees. Beaucoup mieux que les Vaurien d'ici, beaucoup plus sportifs. Tout le monde a son Vaurien à Belle-Île, c'est très cher et c'est dangereux.

— Ça vaut combien, un canoë cherokee? dit maman.

— Je vais vous montrer ça, dit Iatou en s'effaçant pour nous laisser entrer. Ce rafiot-là, j'espérais le garder pour moi. Normal, c'est moi qui l'ai fabriqué. Autrefois, j'avais un chantier naval...

Il décroche du mur une drisse qui monte au plafond où le canoë se trouve accroché par un système de poulies et palans. Il descend l'esquif à notre hauteur, pas trop bas où il n'y a aucun espace où le poser. Il doit être là-haut depuis pas mal d'années.

— Il a besoin d'un coup de plumeau, dit Iatou.

Il est joli ce canoë, bien fabriqué, me semble-t-il, mais j'ai bien du mal à l'imaginer sous voile.

— Il n'y a pas de mât.

— Les pagaies sont sous la banquette et le mât dessus. Du *spruce*, une essence rarissime aujourd'hui.

— C'est ça, le mât? dis-je en soulevant un bâton guère plus impressionnant qu'un manche à balai.

— Voile indienne, mât court, aucun risque de chavirage. Pour apprendre, il n'y a pas mieux... Je peux même vous faire un prix.

— Ce n'est pas de refus, dit maman. On dirait quand même un bateau d'occasion.

Iatou regarde le canoë suspendu dans les airs, puis il regarde maman.

— Cinq mille francs, c'est un compte rond. Un Vaurien vous coûterait dix mille francs. Les pagaies, cadeau. Pour cinq mille francs, vous repartez avec un voilier. Il n'y en a pas deux à vendre sur l'île. Pour cinq mille francs, il est à vous.

Maman suffoque d'indignation :

— Cinq mille francs?!… Mais c'est une pure folie! Je ne peux évidemment pas mettre cinq mille francs dans un voilier de plage.

— C'est un canoë cherokee, madame, pas un joujou d'estivant.

— C'est beaucoup trop cher.

Le canoë retourne au plafond où sans doute il moisit toujours à l'heure où j'écris ces lignes.

— Jamais je n'aurais cru qu'un bateau pouvait coûter cinq mille francs.

— Un bon prix, madame, un prix d'ami.

— Nous ne sommes pas amis.

— Nous le serions devenus si vous l'aviez acheté.

— Un autre ami vous l'achètera.

Maman est encore plus déçue que moi. Elle ne se résigne pas à partir.

— Vous êtes sûr que vous n'avez pas quelque chose de moins cher?

Iatou se frappe les mains qui viennent de récupérer la poussière du canoë sans ami. Il soupire, un mauvais soupir de mépris. Nous venons de rétrograder à ses yeux. Nous sommes retournés dans la catégorie plébéienne des acheteurs de bonnets de bain ou d'ambre solaire.

— J'ai du Sevylor, dit-il.

— C'est quoi?

— Du gonflable, madame.

— Ce sont des bouées, maman.

— Des bouées, jeune homme, mais aussi des pirogues à boudins sur lesquelles on peut embarquer à quatre… Il y en a justement une accrochée dehors. Une pirogue indienne elle aussi, mais en plastique.

Gonflée devant la boutique, aussi haute que la devanture, la pirogue Sevylor pour quatre personnes a l'air d'un immense bateau.

— Insubmersible, dit Iatou, totale sécurité.

— Le prix? dit maman.

— Cinq mille francs, dit Iatou, un prix d'ami… Je plaisante, madame. Je vous laisse la Sevylor à mille francs. Je vous fais même cadeau du gonfleur.

— J'espère que vous acceptez les chèques, dit maman sans me consulter.

Venue dans la ferme intention d'acheter un voilier pour mon frère et moi, elle vient d'acquérir une pirogue à air comprimé. Je la soupçonne de réaliser un rêve d'enfant dont elle ne m'avait jamais parlé.

— C'est ton frère qui va être content…

Ma chère Marie-Louise,

Je ne puis te dire que j'ai été émue aux larmes en recevant ton cadeau car il est arrivé dans un moment où je pleurais déjà – de souffrance – près de Tanguy qui jouait comme il pouvait les anges de Gethsémani. Enfin, grâce à toi, la nature de cette défaillance a pris un caractère progressivement plus serein – si bien que, comme un alchimiste, tu as changé le plomb en or. Merci de ce réconfort que tu m'as apporté et que saint Pierre a déjà noté dans son grand livre.

Je t'écris sur le ton de la plaisanterie, un peu comme une seiche jette de l'encre pour dissimuler sa fuite. Je cache l'attendrissement où me plongent ta gentillesse, ta générosité (je sais en effet que les grandes firmes ne lâchent pas leurs produits pour une pichenette), ton courage à faire ce paquet et à l'expédier. Une fois de plus, je joins mes suffrages à tous ceux qui rappliquent vers toi quand tu parais, qui célèbrent ton éclat, ta grâce, ton charme, tes qualités physiques et morales. Dis donc de ma part à ta mère qu'elle a joliment bien travaillé en te mettant au monde.

J'ai immédiatement essayé ces produits qui avaient fort à faire en la circonstance et qui ont franchi brillamment l'épreuve. Vanité des vanités. Nous étions invités hier soir à un dîner grand siècle, au pavillon d'Armenonville. Au moment de partir, j'étais si fatiguée que pour ne pas y aller j'aurais vendu jusqu'à mon dernier jupon. Mais je ne voulais pas décevoir « l'oncle Henri » qui pour une fois s'est passionné pour la confection de la robe que j'allais porter. À grand renfort d'aspirine et de Salgydal, je suis partie avec lui, et cela nous a permis, aux côtés du prince Murat, et pas loin de Son Altesse impériale, le prince Napoléon, etc., de prendre part à un dîner servi par des élèves du Conservatoire d'art dramatique, déguisés en laquais à culotte bouffante qui portaient sur leurs épaules les plats les plus resplendissants, faisans avec leurs plumes, glaces qui lançaient des feux d'artifice, etc.

Encore merci de tout cœur, ma chère Marie-Louise, nièce en qui j'ai mis toutes mes complaisances…

Je t'embrasse très affectueusement. À bientôt, dès que les choses s'arrangeront, car je l'espère.

Yvonne Queffélec

30

Comme je m'y attendais, cet engin flottant ne procura nul plaisir à mon frère Hervé, n'intéressa aucunement papa qui refusa d'y monter une seule fois. Fut ignoré par Tanguy, laissa ma sœur indifférente après une expérience d'embarquement dans les vagues de Bordardoué qui parut beaucoup la divertir, et ce furent les deux acheteurs secrets – maman et moi – qui sympathisèrent de bon cœur avec ce radeau ridicule et merveilleux à la fois, utilisable uniquement par calme plat. Or du calme plat, l'été 1967, il y en eut tant que les voiliers ne sortaient plus et gisaient comme pétrifiés sur la plage, voiles hautes et figées, attendant l'impensable risée. Ce fut une année à pirogues. Peut-être la seule du siècle, la grande année Sevylor.

Il est sûr que, maman et moi, nous fûmes vraiment complices durant ces beaux jours. Elle appréciait en moi la bonne humeur du *puer egregia indole.* Aucune fille ne veut qu'on la complimente en ces termes de « bonne humeur », pourtant les plus attirants qui soient, et flatteurs. Elle a peur que « bonne humeur » signifie : tu es une mocheté, heureusement qu'en plus tu ne fais pas la gueule ou l'on te jetterait à la poubelle. Maman avait besoin de rire beaucoup, elle en avait besoin comme jamais en 1967. Elle trouvait les humains bien graves et bien sérieux, qui font le tour de leur nombril comme on entreprend l'ascension du ciel étoilé. C'était bien, l'intelligence intellectuelle, conceptuelle, diplômée, mais non moins intelligente et sage une attitude visant à sauver chaque instant comme une bulle irisée survolant une famille où la mort grince des dents. J'imitais Boucan, elle riait. Mme Paboul : elle riait. Les volailles de M. Paboul dont la meute fangeuse piaillait sur le chemin des cabinets : elle riait. Mes profs, ceux qui m'avaient saqué toute l'année, en priorité M. Clocheau, l'amateur de chair fraîche, elle se tenait les côtes et cette hilarité avait quelque chose de désespéré dont mon père était peut-être conscient, d'ailleurs, lui que mon tempérament blagueur désespérait. On rit son devoir accompli, p'tit vieux. Ça se mérite, le rire d'une maman, p'tit vieux, par le travail à longueur d'année. C'est un luxe interdit, p'tit vieux, ce rire que tu confonds avec un brevet de bonne conscience. Qui rira le dernier ?…

Ce jour-là, nous mangions des saucisses au jardin chez nos amis Kraft. Petite maison basse et blanche, belle nature silencieuse autour, à l'abri du vent. M. Kraft apportait de Paris en Simca 1500 break des barils de gamay qu'il installait sur la margelle d'un puits condamné. Il n'y avait plus qu'à tirer la bobinette et le vin coulait. Facile dans ces conditions de boire un peu, beaucoup, beaucoup trop, d'avaler en continu des saucisses et du gamay, comme s'il était urgent, sinon vital, de se remplir la panse. Qu'est-ce que l'heure, dites-moi, quand l'amitié souffle sur ce genre d'agapes et que les mots ne valent guère mieux qu'un gamay tiré d'un baril en plastique de moins en moins frais? On dit qu'il faisait moins chaud l'année précédente; on dit qu'il y a du monde sur l'île, un public de Hollandais et d'Allemands, les enfants de la guerre initiés par leurs parents au mur de l'Atlantique. On dit que les Paboul sont des alcooliques; on dit qu'on irait bien se baigner pour expier cette abondance. Encore des saucisses, de la ventrèche, du kouign amann. On fait passer le livre d'or, il a déjà huit ans, avant les Kraft campaient vers Bangor. C'est maman l'auteur du plus beau passage. Une ballade à la manière de Villon, s'il vous plaît. Sept strophes, un envoi. La ballade de l'amitié. Pondue comme ça, au coin du muret, sous un chapeau de paille ou de toile, sous un journal en cornet, entre merguez et kouign amann. Le talent qu'elle a, maman, quand elle prend la parole, à l'oral, à l'écrit, dans un livre d'or, dans ses lettres. Un écrivain, maman. Un écrivain qui n'a jamais écrit ni développé sa devise préférée: aime et fais ce que tu veux. L'intelligence du cœur.

— Vous devriez acheter, dit Mme Kraft à travers un rire. Vous n'allez pas louer chaque été. Ça va une fois, les Paboul, mais franchement je ne me verrais pas passer des vacances dans leur gourbi.

Mme Kraft se veut l'apôtre d'une vérité qui n'a jamais peur des mots ni du rire. Mme Kraft a son franc-parler, elle glousse et montre les dents. Elle y va les yeux dans les yeux, on dit les choses, bonnes ou mauvaises on les dit. Vous allez mourir? Elle dit: vous allez mourir. Elle va mourir? Elle dit: je vais mourir, tout a une fin; il n'est bonne compagnie qui ne se quitte. Elle conseille gentiment les amis, le rire à la bouche: vous qui allez mourir prochainement, vous auriez peut-être intérêt à… Elle est bien disposée, même quand il vous reste quelques heures à vivre. Elle ne demande qu'à rendre service à ceux qui vont trépasser. Elle ne se voile pas la face. Elle en parle aux enfants trop égoïstes pour accepter le déclin d'un proche, *a fortiori* la mère. On peut compter sur elle pour les dessiller.

À la plage, maman me dit :

— J'irais bien faire un tour en bateau.

Le Sevylor a son abri sous une Caravelle antique du club Peugeot dont les paillotes sont visibles derrière le mur qui borde la plage. Je sors le gonfleur à pied. Je gonfle les divers boudins du bateau. Ce qu'il y a de bien, avec ce genre de croiseur, c'est qu'on peut le porter soi-même avant qu'il ne vous porte à son tour au gré des flots. Je mets le Sevylor à la mer, une eau pas plus ridée qu'un miroir. Le vent souffla-t-il jamais dans cette région suffoquée par les chaleurs d'un anticyclone installé sur la péninsule depuis… allez : depuis un mois.

J'aide maman à prendre place, le Sevylor est instable. Elle a un maillot de bain bleu marine, un bonnet de bain blanc qu'elle enlève, elle s'assied à l'arrière du Sevylor qui peut aussi bien faire office d'avant. Elle se passe de la crème sur le corps et sur le visage, chausse des lunettes de soleil et soupire d'aise, les bras à l'extérieur du bateau, les mains dans la mer. Je saisis la double pagaie, nous sommes partis sur le mini-château fort de Port-York, au sud de la plage. Avec un Sevylor, on peut avoir le cap sur les Antilles ou sur le Pérou, ça ne veut pas dire qu'on y va. Ça ne veut pas dire que le soir même on dormira sous les murailles de Fort-de-France ou à Lima. Le cap est un rêve.

— C'est la même impression qu'à Venise, dit maman.

Je parie qu'elle a les yeux fermés derrière l'écran des lunettes. Je comprends mieux son intérêt pour le Sevylor. Venise, elle pense à Venise. Elle y est allée une fois avec ma sœur en voyage d'agrément. Elles étaient logées par les religieuses du couvent des visitandines, dans les venelles de l'Accademia. Un soir, un homme les a suivies, une ombre d'homme. *Un uomo*. Maman a eu la peur de sa vie. Une autre fois, à Lisors où nous avions loué un séjour de Pâques chez des paysans notoirement Dupont-la-Joie, un homme a suivi maman le long d'une rivière à cresson. Elle marchait sur une rive et lui sur l'autre. D'une enjambée, on traversait la rivière. Il marmonnait en la suivant. Il se cachait sous les ormeaux. Autre peur de sa vie. Maman a signé dans *Cœurs vaillants* une nouvelle intitulée « Le Gars du bois ». Le gars du bois suit les enfants au crépuscule, ou les femmes seules. Quel mal leur veut-il ? Dans la nouvelle de maman, il est arrêté par la police et menotté. Il vient d'attaquer une jeune fille. D'où vient cette inspiration, cette angoisse ? Quel souvenir la hante ? Elle nous a tous élevés dans l'appréhension du « méchant monsieur », l'inconnu qui rôde en quête d'une mauvaise action. « Dans les rues, tu ne parles à personne, mon chéri. Tu pourrais tomber sur un méchant monsieur. »

Maman à une extrémité du Sevylor, moi en travers des boudins, nous nous laissons dériver en somnolant. Il fait bleu, un bleu cotonneux, vaporeux, si chaud qu'il pourrait tourner au brouillard. Le soleil paraît frotter des étincelles sur l'alliance de maman.

— Oui, dit-elle, nous achèterons un voilier de croisière l'an prochain. Je sais d'ailleurs lequel.

Maman ne connaît rien à la voile. Elle sait ramer, godiller, canoter dans le port de L'Aber jusqu'aux clapots croisés du goulet, mais c'est bien là son unique expérience atlantique en qualité de chef de bord. Elle n'a jamais hissé la moindre voilure, excepté la misaine d'une barque noire que je n'ai pas connue, premier bateau plaisant de mon oncle André Chauvel qui en possédera bien d'autres, hésitant dès l'enfance entre une carrière de yachtman ou d'ingénieur. Il finira colon, planteur de poivre et de thé en Indochine, et ses magnifiques voiliers blancs, *Petit Charlot*, *Marmotte* ou *Ninioblo*, sont morts de patience parmi les sables vasards de la rivière de L'Aber, à la fois sacrés, maudits, intouchables, attendant leur maître à bord qui ne reviendrait jamais.

— Quel voilier, maman?

— Un Olonnois.

— Tu connais l'Olonnois, maman?

— Il est construit aux Sables-d'Olonne par Dubernet. Il s'est inspiré de la silhouette des canots de sauvetage. L'Olonnois est un bateau qui tient la mer.

D'où sort-elle ces informations? On dirait qu'elle s'est renseignée. On dirait qu'elle est vraiment résolue à faire l'emplette d'un Olonnois.

— Vous allez vraiment commander ce voilier chez Dubernet?

— On peut aussi l'acheter d'occasion. C'est un bateau construit en bois exotique et en chêne. Il vieillit très bien.

— L'an prochain, maman?

— L'an prochain, oui. Il a une bonne longueur, 5,50 mètres. Il a deux couchettes avec la possibilité de dormir entre elles sur un matelas pneumatique. Ainsi nous ne dépendrons plus du bateau des autres et ton frère apprendra la navigation.

— Et toi, maman?

— J'avoue que ça me plairait beaucoup. Surtout si nous achetons la maison avec le bateau.

C'est la première fois que j'entends parler d'une maison que nous serions en mesure d'acheter. Mon père gagne bien sa vie, mais à la façon d'un écrivain, avec l'angoisse des revenus irréguliers, des manuscrits finis après terme. Une résidence secondaire n'a jamais été à l'ordre du jour.

— On a gagné à la loterie, maman?

— J'ai repéré deux ou trois maisons à vendre sur l'île. J'aimerais que nous les visitions ensemble.

— On aurait la maison et le bateau?

Maman a un sourire radieux. Elle me dit qu'en effet nous pourrions avoir dès l'an prochain maison et bateau. Elle a quelques économies qui serviraient à l'achat du voilier, et elle ne voit pas le CCF refuser à papa un emprunt sur dix ans pour la maison. Un placement sûr.

— La vie passe, mon chéri. Ton père et moi pourrions un jour habiter cette maison toute l'année. Il faut qu'elle soit assez logeable pour nous tous. Sans compter qu'un jour vous aurez des enfants.

— Tu voudrais acheter une grande maison à Belle-Île, maman?

— Une grande maison sur la mer. Le sémaphore de Locmaria est à vendre. La situation est exceptionnelle, la plage à deux pas. C'est à l'extrémité sud de l'île, un paradis.

Maman s'exalte en parlant et je suis prêt à m'exalter aussi. Une grande maison avec l'Olonnois mouillé sous nos fenêtres. Un ancien sémaphore contrôlant tout l'horizon sud jusqu'au phare Estaca de Bares du Cabo Prior, la pointe septentrionale espagnole. Il suffit d'hypothéquer l'appartement du sixième qui n'intéresse plus personne et d'emprunter au CCF l'argent manquant. Mais que diable n'y avons-nous pensé plus tôt !

Un doute me traverse l'esprit.

— Papa est d'accord ?

Maman, toujours lunettée de noir, fait entendre un rire argentin.

— Comment crois-tu que je connaisse l'Olonnois ?

Elle jubile, elle est fière de son mari. Papa examinant les prospectus d'un chantier naval me laisse incrédule, et la grande maison dans son décor imprenable sur les hauteurs de Locmaria redouble mon incrédulité. Pourtant je ne peux m'empêcher d'être heureux, enthousiasmé par ces deux projets que maman ne fait sûrement pas miroiter au hasard. À l'évidence, mes parents se sont concertés. Ils vont se donner les moyens d'un bonheur bourgeois qu'ils s'interdisaient d'imaginer auparavant. Nous possédions un appartement, c'était déjà un miracle. La maison, les bateaux, les résidences secondaires, c'était pour nos voisins du 52 qui travaillaient dans les banques ou les laboratoires pharmaceutiques.

— On a appris par le curé du Palais que les Ponts et Chaussées comptaient vendre le sémaphore aux Domaines. Et comme ton père a des relations…

Brusquement la vie m'apparaît comme un conte de fées. J'en oublie la pension, les deux années d'éloignement qui m'attendent. Je regarde ma jolie maman sourire au fond du Sevylor. J'ai envie de la couvrir de baisers.

— Mais dis-moi, maman, c'est assez merveilleux…

— Merveilleux, reprend-elle. C'est merveilleux, oui. La vie peut être merveilleuse.

Jusqu'au dernier jour de l'été 1967, c'est vrai, la vie fut merveilleuse, les journées bleues, les nuits étoilées. Le 31 juillet, les Kraft nous emmenèrent en voiture au Palais. Nous embarquâmes sur le *Guerveur* pour rejoindre le continent. Amarres larguées, le bateau fit demi-tour dans le port et doubla le petit phare blanc du môle Bourdelle où les Kraft au grand complet, filles, fils, correspondante allemande, s'étaient entassés pour nous faire signe, au revoir, à bientôt les amis. Nous agitâmes les mains en réponse à leurs signes et cependant que le *Guerveur* penchait en virant pour gagner la haute mer, Hervé surprit maman pleurant à chaudes larmes, les mains dans les poches, adieu maman.

31

Fin septembre, à Dreux, chez les frères, je reçus de maman une lettre que j'ai depuis longtemps perdue. C'est par dizaines que j'ai perdu les lettres de ma mère, toute ma vie. Elle écrivait facilement, je répondais ou non, me torturant pour trouver les mots qui disaient s'il faisait beau, comment j'allais, à quoi ressemblait l'endroit où j'avais la chance de respirer le bon air marin payé par mes parents. Pour maman, la lettre du fils valait une rédaction. L'écriture épistolaire annonçait de bonnes notes en français. Elle m'encourageait.

— C'est plus simple que tu crois, l'écriture, c'est beaucoup plus concret. Tes cinq sens font le travail à ta place. En écrivant ce qu'ils te disent et rien d'autre, tu es sûr d'avoir du style, car la personnalité se fond dans une parole sincère. Tu dois dire simplement : ce que tu vois, ce que tu entends, ce que tu sens, ce que tu touches, ce que tu manges. Écrirais-tu : « La mer est grise, le cri des mouettes est bruyant, l'air sent l'iode, je construis des barrages de sable et de goémon » que déjà je serais contente, car tu montrerais dans sa globalité sensible le moment que tu es en train de vivre. Tout fonctionne par association dans l'esprit humain, n'hésite pas ensuite à formuler des comparaisons, même audacieuses, même incroyables, le petit mot « comme » est le sésame des belles comparaisons.

Adolescent, fort de ses conseils, j'écrivais à maman ou à papa :

Cher auteur de mes jours,

De même que le soleil dore la cime de ces monts, de même ici la mer est bleue, grise, noire, kaki, cuisse-de-nymphe-émue au lever du soleil. Le trille du merle est encore plus aigu que le crôa des grenouilles ou le bêêê des ânes à l'heure où la mer sent l'iode au parfum d'anis. L'après-midi, je tiens entre mes mains calleuses les poignées en caoutchouc râpé de ma bicyclette Hirondelle – une bicyclette ne fait pas le printemps –, quand je ne fais pas des boules de sable mouillé pour consolider un barrage d'algues gluantes et de galets à la fois gris perle et rugueux, dressé entre deux rochers au ton vieil argent. Je mange du riz au lait blanc qui fait le même bruit sous la dent que quand on met son pied dans la vase couleur de plomb humide. Le soir, j'entends les cloches sortir du clocher ajouré comme de la mie de pain.

Je dors dans la chambre où dormait l'oncle André à l'époque où tante Jeanne l'appelait Dédé la Riflette. Il y a beaucoup de livres là-haut comme il y a beaucoup de désordre dans ma chambre à Paris. Je sais que je dois faire un effort, comme dit grand-mère qui se coiffe avec un fer à friser chauffé sur le bec benzène allumé avec des pastilles Meta. Les lames du plancher sont peintes en blanc et tellement disjointes qu'on peut voir la tante Jeanne se déshabiller dans la chambre où dorment grand-père et grand-mère, à Pâques, lorsque nous sommes tous à Kervaly. Après ça, je me couche et je ferme les yeux. À peine les ai-je fermés que mon cœur bat les trois coups d'une pièce intitulée: Premier Sommeil. *Le rideau rouge se lève sur mon théâtre intérieur où, sachez-le mes chers parents, il se passe des choses inavouables à des parents. Confierai-je au papier trop indulgent d'une lettre qui sont les acteurs de* Premier Sommeil, *la pièce chaque nuit rejouée de mon théâtre intérieur, à tous les âges de ma vie? Combien de jours après la naissance, combien de jours avant commença-t-il à m'enchanter, ce théâtre intérieur, ce monde irréel où les marionnettes ont le visage, le corps et l'odeur des filles que je croise innocemment dans la journée?*

Ma tante Jeanne vient de passer une longue chemise blanche entre les lames du plancher. Dans quelques instants, lorsque je fermerai les yeux au fond du lit bateau de l'oncle André, elle ôtera sa chemise blanche et la remettra. Et tant que je ne dormirai pas d'un vrai sommeil, elle ne cessera de se dévêtir, une cuvette d'eau à ses pieds, de se passer un gant bleu ciel sur la peau, entre les orteils, d'enlever une à une les épingles de son chignon jusqu'à libérer ses longs cheveux blancs, d'attraper la chemise blanche sur le rebord de la chaise noire qui est un prie-Dieu, d'enfiler sa chemise et de s'agenouiller sur le prie-Dieu, les mains jointes, de prier pour que son fils André ne se fasse pas tuer au Vietnam. Elle a soixante-seize ans. Tant que Morphée ne m'emporte pas dans ses bras, elle m'offre le spectacle de sa peau dénudée entre les lames du plancher, je suis son amant, je la désire, je l'aime, et la fièvre des oreillons rend mon cœur fou.

À bientôt, mon cher papa, n'hésite pas à m'écrire souvent. À bientôt, ma chère maman. Tante Jeanne dit que je suis constipé. Le docteur Galliou dit que la nature arrangera ça. Tante Jeanne m'apprend à faire de la dentelle avec une navette en ivoire. J'en suis au « point de frivolité ». Je vous embrasse.

La tante Jeanne m'a dit pourquoi elle avait mis une statuette bretonne de la Vierge dans la partie creuse du cèdre géant devant le manoir. C'est pour protéger la maison, le cèdre vermoulu risquant de tomber à chaque instant. C'est pour éviter que l'énorme branche maîtresse ne crève la maison comme un vulgaire abcès. Sous la branche, il y a le toit du manoir. Sous le toit du manoir, il y a moi dans un lit bateau. Par la lucarne, je vois la branche du cèdre se balancer, je l'entends grincer. Qu'est-ce qui grince avec ce bruit de quenottes rouillées ? La fibre du bois ? Les puissants maxillaires des charançons occupés à tortorer cette moelle d'arbre tutélaire depuis des centaines d'années ? Mes propres dents mal rangées ?

Bons baisers maman, bons baisers papa. Votre bien-aimé fils cadet.

Admettons que je n'aie jamais écrit pareille lettre à maman ni papa. Il n'empêche que je leur dois ce vademecum – par ailleurs le nom d'un mythique dentifrice suédois – d'écrivain débutant, qu'il écrive une lettre à sa mère ou *Les Frères Karamazov*: parole et souffle ont partie liée, souffle et sens ne font qu'un. Mes lettres à maman sont imprégnées de cette volonté d'en appeler à mes sens pour dire le vague et le précis de mes sensations du moment. Je fais des brouillons. Je sue sang et eau sur des phrases bêtes comme chou. Faut-il écrire : « Rassure-toi, j'ai pris bien à l'heure le car de L'Aber après un voyage en train épuisant », ou faut-il écrire : « Le train, quel ennui. Et le car, ce vieux car de L'Aber rouge et blanc » ? Ou : « Déjà dix jours que je suis à L'Aber. En effet, je suis bien arrivé. Je te réponds seulement aujourd'hui, parce que... » Les brouillons s'accumulent, les jours passent, la réponse à maman n'a plus lieu d'être. C'est une lettre d'excuse qu'il faudrait. « Ma chère maman, excuse-moi de ne pas t'avoir écrit plus tôt... » C'est bien froid. « Ma chère maman, tu dois m'en vouloir et penser que... » Et penser quoi ? « Ma chère maman, bien sûr que je t'ai écrit. Ce n'est pas ma faute si la lettre s'est perdue... »

Ma chère maman, ma chère maman, ma chère maman...

Ma chère maman, je t'embrasse bien fort.

Toutes mes lettres inachevées attaquent hardiment par ce « ma chère maman » qui n'a rien de plus à dire, formuler, un appel au secours. Maman me cite La Bruyère, l'un des plus grands prosateurs français, un as de la tournure légère, un contempteur de la phrase moulurée, péché mignon des auteurs français. Vous voulez dire qu'il pleut, dites : « Il pleut. » « Ma chère maman, il pleut. Je t'embrasse bien fort. »

À mon père, je n'écris jamais ou si peu. Comment pourrais-je déballer ma vilaine écriture et mon orthographe criminelle à ce normalien pur-sang pour qui la parole, grecque ou latine, ou française, est la première des règles morales ? *In principio erat verbum, et verbum erat apud Deum, et Deus erat verbum, et verbum caro factum est.* Tétanisé d'admiration, de timidité, je regarde le bristol blanc. J'écris « mon cher papa », je dis que je me baigne quand il fait beau, que je mange quand j'ai faim, que l'autre jour j'ai eu soif et que j'ai bu deux verres d'eau coup sur coup, que la nuit tous les chats sont gris, que pluie du matin n'arrête pas le pèlerin. Voici le bas du bristol, qu'il est encore loin. « Je te quitte, mon cher papa, bons baisers. » Il me faut une bonne douzaine de brouillons pour achever cette lettre sans âme, la seule qu'il reçoit de moi au cours de l'été : c'est toujours au cours de l'été qu'il faut écrire à papa qui ne vient pas à L'Aber, soit resté à Paris travailler, soit parti pêcher la crevette sous l'azur d'Edig, son nid d'aigle ou son île au trésor du Morbihan.

Fin novembre 1967, donc, je reçois de maman une lettre qui prend son sens après avoir lu sa lettre à Marie-Louise Féral, écrite le même jour, je suppose, en faisant part d'une angoisse qu'elle veut m'épargner. Elle commence : « mon petit chéri », elle ne commence jamais autrement. Elle me dit qu'elle est heureuse de me savoir à Dreux dans ce magnifique paysage propice à la réflexion. Elle me parle de moi, de mon travail scolaire, des résultats qu'elle espère, de mon goût pour le théâtre qui pourrait un jour constituer un débouché, du colis alimentaire qu'elle m'a posté, l'ai-je reçu ? Et, brusquement, cette phrase dont je me souviens qu'elle me remplit d'effroi : « J'ignore comment les choses vont se passer à Noël. Je dois entrer à la clinique en décembre pour une petite intervention qui n'a rien d'inquiétant. »

C'est au réfectoire de l'internat que je lis cette lettre de maman, la relis. On est mercredi. Deux jours plus tôt, je plaisantais avec elle. Le frère Didier vient de m'apporter le colis alimentaire bien ficelé où mon nom est écrit par maman. J'hésite à ouvrir le colis. Il me semble piégé par la petite phrase concernant l'intervention à Noël. Elle parle bien d'une *intervention*. C'est moins fort qu'*opération*, moins chirurgical. *Opération* contient l'image fantasmatique du bistouri : *intervention* a l'air d'une formalité sans effusion de sang. Je suis perdu. Je mange mécaniquement ma part de carottes râpées, étourdi par le brouhaha des élèves autour de moi. Maman a quoi ? Je me sens bizarre, flottant, malheureux. Je demande la permission d'aller téléphoner. Je traverse la cour ensoleillée, j'entre au bâtiment de l'économat, je remplis la feuille d'appels téléphoniques et j'attends que le frère Bob m'invite à décrocher dans la cabine.

— Maman ?

— Non, c'est Hervé.

— Qu'est-ce que tu fais à la maison ?

— J'apporte mon linge à maman, comme chaque jeudi.

— Elle est là ?

— Il n'y a personne. Elle est partie avec papa.

— Tu es au courant pour l'intervention ?

— Oui, dit mon frère après un silence. On va l'opérer du sein gauche.

Sein n'est pas un mot que nous prononçons à la légère, mon frère et moi. *Sein* est le mot clé du trouble érotique, un mot dionysiaque associé à des visions solaires d'intouchables cousines, courant à la mer en bikini, exhalant une indécence de cocagne et vous remplissant la vue d'ellipses mamelliformes à tourner de l'œil. J'ai l'impression d'offenser ma mère en évoquant le mot *sein* pour elle, en imaginant son sein qu'il va falloir opérer. Onze ans plus tôt, je l'ai vue allaiter mon frère Tanguy, un spectacle bouleversant. Je garde un souvenir précis de cette femme au visage épuisé, les yeux auréolés de plomb, dont toute la jeunesse et la beauté dilataient ces globes mouvants que mon frère étreignait. Une autre fois, je lui ai placé des ventouses et, comme elle se déshabillait le dos tourné, je l'ai vue dans l'armoire à glaces et mon cœur a cessé de battre.

— Tu es sûr ?

— C'est elle qui me l'a dit tout à l'heure.

On peut compter sur maman pour dire la vérité. Faut-il que cette vérité l'ait prise au dépourvu pour qu'elle ne l'ait pas dite avant. Faut-il qu'elle ait eu peur de cette vérité. Faut-il qu'elle cherche à l'oublier, la fuir, la noyer, en différant le moment de la retrouver dans nos yeux.

— C'est pour ça que tu appelles en PCV ? dit Hervé.

— Désolé.

— J'aurais fait pareil, t'inquiète. Ils sont partis chez le médecin.

— Salut, Hervé.

— Salut, frérot. À samedi.

Le samedi, rentré à la maison, je souffrirai d'un violent mal de ventre au cours de la soirée. Le dimanche, à l'aube, une ambulance me transportera à la clinique Bon-Secours avec le péritoine enflammé. Cinq heures d'opération. Double anesthésie. Quinze jours d'observation. Abcès de la paroi. Maman tous les jours à mon chevet, fraîche comme une rose, ne soufflant mot de la lettre qu'elle m'a envoyée à Dreux. Ma sœur me couvrant de cadeaux dont un crayon géant et un pirate borgne en tissu vert pour ranger mon pyjama. Mes jolies copines me rendant visite en bande, priées de garder leur sérieux devant leur fantaisiste préféré que le plus léger rire torture comme une lame de couteau plongée dans la plaie, une incision agrafée sur une longueur de dix centimètres.

Un après-midi, toujours à la clinique, je dis à maman :

— Ça va, toi, maman ?

— Mais oui, mon chéri.

— Ça va bien ?

— Tu as été très courageux. Maintenant, ça va. J'étais folle d'inquiétude.

Oserai-je lui dire : et ton sein, maman, ton sein gauche ? Convalescent amaigri d'une péritonite aiguë, je serais quelqu'un d'inhabituel après quinze jours de clinique, atteint par des sensations neuves et des souvenirs jusque-là restés dans l'ombre, une mémoire de survie. Ayant failli mourir, je vois mes jours différemment, présents ou passés. Le passé redevient présent, les choses d'hier me semblent vivre aujourd'hui, mon enfance à L'Aber, mes sorties en canot avec l'abbé Suchard qui me récompensait d'un chou que j'allais cueillir dans son potager, les cafés au lait à la cuisine avec les filles de la campagne, les promenades à la rivière avec l'une ou l'autre, cette quête aussitôt née de l'odeur des filles autour de moi, inséparable de l'instinct vital.

— Il va falloir que tu retournes à Dreux dans quelque temps. Je t'aurais bien gardé à la maison.

— Tu es sûre qu'on ne peut pas m'inscrire à Paris ?

— L'institut Saint-Pierre est un excellent établissement pour toi. On y verra plus clair dans un an.

Je ne la sens nullement convaincue, mais sa bonne main touche la mienne sur le drap, l'enveloppe de confiance, et la quiétude envahit ma peau. À quoi rêve ce jeune opéré sur son lit d'hôpital? Où vont ses pensées? Ce n'est pas que j'aie oublié, mais qui peut dire ce qu'il a précisément dans la tête ou ce qu'il avait quelques instants plus tôt? Il me semble que j'ai la conscience tranquille, comme si le fait d'avoir été ouvert me bonifiait ou me guérissait des sensations coupables que mon père s'ingéniait à multiplier chez moi. Il y a aussi l'idée, inconsciente, que le mal dont souffre maman s'est concentré sur mon péritoine et qu'elle ne souffre plus. Aurait-elle cette mine réjouie, ce regard clair, si l'intervention annoncée pour Noël était d'actualité?

À la clinique Bon-Secours, dans le XIVe arrondissement, j'eus ma dernière conversation heureuse avec maman. La veille de mon retour à la maison, elle m'annonça la grande nouvelle: un pâtissier de Saint-Gilles-Croix-de-Vie vendait son Olonnois, le *Monique et ses Frères*, et il venait dimanche prochain signer les papiers. L'achat du sémaphore à Belle-Île était aussi en bonne voie.

— Peut-être l'été prochain, mon chéri, sinon l'été suivant. En fait, nous hésitons entre une petite maison au bord de la mer et une grande moins bien située.

32

Il n'y aura pas d'été suivant à Belle-Île, en tout cas pas avec maman. L'année s'écoule bizarrement, dans des conditions agréables pour moi. Je découvre l'épuisant bonheur de l'athlétisme en équipe, je suis brillant sur 800 mètres plat, bon au javelot, imbattable aux agrès, nul au steeple-chase. Je prends goût aux expéditions en car, le week-end, pour aller défier les autres clubs de ligue régionale. Je rapporte à la maison des médailles que ma mère range comme des reliques dans le secrétaire de l'entrée, comme elle range les certificats des grands prix internationaux remportés par ma sœur. Je passe pour un jeune homme herculéen et, quand ma sœur quitte la Cité des Arts pour s'installer rue Boutarel, dans l'île Saint-Louis, j'ai l'honneur de porter son piano à queue sous les combles d'un immeuble moyenâgeux, cinq étages et demi desservis par un escalier à vis. Je ne suis pas l'unique porteur, rassurez-vous, mais moi, je suis conscient de toutes les sonates au clair de lune, de tous *Liebesliederwalzer* de Brahms que je coltine encordé au Steinway, la joue en sueur contre les vernis noirs du piano, les biceps meurtris par les angles.

Mon appétit, difficile à rassasier, charme l'entourage féminin, maman, ma sœur, son amie Catherine Collard qui me paie des œufs durs mayonnaise au restaurant routier. Maman s'est bel et bien fait opérer, mais je vis à Dreux et les lettres filtrent la gravité des choses. On me rassure. On m'embobine. On embobine la fatalité. La poudre aux yeux de l'espérance à tout crin m'aveugle d'autant plus que je veux ne rien voir. Maman s'est fait opérer – moi aussi. Je vais bien – elle aussi. Une page menaçante s'est tournée. En juillet, j'irai prendre livraison à Saint-Gilles de *Monique et ses Frères*, l'Olonnois du pâtissier acquis pour six cent mille francs. Et sous peu cet aimable voilier se dandinera devant chez nous, sur les rivages sud de Belle-Île-en-Mer.

Le vendredi 14 mai, je suis à la maison dans la soirée. Maman est sortie. Tanguy ignore à quelle heure elle doit rentrer. Je vais voir mon père dans son bureau. Spectacle invariable d'une fois sur l'autre, quelle que soit l'année. Il écrit sur des feuilles blanches et quand le blanc a disparu, il numérote la feuille et la fait passer sous son coude gauche. Sa table est un chantier, l'entassement continu de tout ce que le facteur lui porte en lettres, factures, bouquins, paperasse, jusqu'à ce qu'un pied cède et qu'on fasse appel à moi pour le réparer. Je sors le marteau et les clous. Un bricolage de chrétien. Ça résiste un temps. La table de mon père est à mon avis la plus cloutée qui soit debout, et c'est grâce à moi qu'elle ne s'effondre pas tout à fait.

Il se lève, m'embrasse, il est impatient de retourner à ses phrases, il ne lâche pas son stylo.

— Maman rentre quand?

Il fronce les sourcils, mécontent, il se méfie des questions directes. Maman dit qu'il ne parlerait pas sous la torture.

— Ta mère était fatiguée, p'tit vieux. Ellc est partie se reposer.

S'il le dit, c'est vrai. Mentir est d'après lui le pire des péchés mortels.

— Elle m'a écrit cette semaine. Elle me dit qu'elle a hâte de me voir. Elle m'a promis un rôti de bœuf en mon honneur. Tu es sûr qu'elle ne rentre pas?

Son regard fouille le mien, il ne sait quoi penser.

— Tu as reçu quand, cette lettre?

— Jeudi.

— Ta mère est partie hier, elle était très fatiguée. Les Kraft l'ont emmenée en voiture.

— Où ça?

Il ne supporte pas qu'on le presse de questions, que moi, son branleur de fils rigolo, je lui manque à ce point de respect. S'il n'était pas question de maman, il me jetterait dehors avec une phrase humiliante à méditer pour la peine.

— À l'extérieur de Paris, dans une maison de repos. Où, je ne sais pas. Les Kraft doivent téléphoner ce soir.

Il me fixe toujours. J'ai l'impression d'être soupçonné, jugé quand nos regards se croisent. Je l'écoute avec stupéfaction. Maman transportée par les Kraft dans une maison de repos sans nom. Je ne visualise rien, ni maman ni la maison, ni M. Kraft au volant de la Simca 1500. C'est une phrase aveugle que mon père m'a servie. Je ne me dis pas qu'il ment, il en est incapable. J'aimerais voir ma mère, elle me manque terriblement et cette soirée à la maison promet d'être longue. Et si j'appelais ma sœur? Il faudrait avoir accès au téléphone, appareil que papa garde jalousement sur son bureau, à moitié caché sous les papiers. Le téléphone est à lui, c'est par tolérance que nous pouvons l'utiliser, à condition de limiter l'échange téléphonique à l'essentiel. Et quand c'est moi l'utilisateur, il reste à proximité, tout ouïe, prêt à interrompre la conversation.

— Je peux appeler Tita?

— Elle est à Nice, dit papa.

Nous dînâmes comme trois étrangers, sans guère parler. Papa ne me demanda pas comment s'était passée ma semaine et si j'avais battu mes propres records sur la cendrée. Il y avait du carrelet, le poisson entier sous les rondelles de citron entouré de tomates bien rouges. C'était papa qui l'avait préparé. Il avait un faible pour ce plat qui lui faisait penser à Van Gogh, peintre qu'il aimait entre tous. Il maîtrisait bien la cuisson du carrelet, chair portée à perdre consistance et saveur. Il s'était mis à cuisiner après l'opération de maman. Avec lui on mangeait beaucoup de merlan et de maquereau, et quelquefois la marée déposait un grand carrelet bon marché sur la glace pilée de la poissonnerie d'Alésia.

À un moment, le téléphone sonna dans son bureau. Il était occupé à la cuisine et ce fut moi qui courus répondre. J'entendis Mme Kraft, l'amie de la vérité, la personne intègre qui vous dit le sourire aux lèvres: vous allez mourir...

— Alors, dit-elle tout à trac, comment ça va? Comment s'est passée l'opération?

— Quelle opération?

— Oh, écoute, s'il te plaît, arrêtez de vous voiler la face, les enfants Queffélec. Passe-moi ton père, s'il te plaît.

La conversation entre Mme Kraft et papa dura bien cinq minutes, porte fermée. J'étais à table avec mon petit frère, séparé de lui par un plat en Pyrex où gisait le squelette bien nettoyé d'un carrelet sans yeux. J'avais mangé les yeux. C'est exquis, les yeux frits des poissons. Un navigateur norvégien m'avait initié à cette dégustation.

Papa revint à table, l'air grave. Je n'arrivais pas à parler, lui non plus. J'avais l'impression d'un homme épuisé qui comptait sur mon intuition, ou ma bonté, pour le laisser tranquille et deviner ce qu'il n'avait ni le courage ni la force d'avouer : qu'il mentait, que ma mère allait mal depuis des années, qu'elle venait de subir l'opération de la dernière chance, et que ni lui ni personne au monde, aucun médecin ne savait ce qu'elle allait devenir dans l'état où elle était, frappée d'un cancer soigné à temps mais ravageur, impossible à juguler.

Il partit se coucher, nous desservîmes, Tanguy et moi. À 5 heures de la nuit, le téléphone sonnait au fond de l'appartement. Il sonnait comme s'il avait toujours sonné. Il sonnait et je dormais en l'écoutant sonner, flemmard, angoissé, laissant à papa le soin de sortir de son lit et d'aller voir de quoi il retournait.

Finalement, je me traînai aux antipodes de la maison pour faire taire ce malotru. Je me souviens d'une aurore très pure arrivant par la baie vitrée du salon et de cette sonnerie monstrueuse qui jurait tant et plus avec la beauté du jour levant. À moitié endormi, la bouche pâteuse, je me jetai sur le téléphone et lançai le rituel « allô » qui signale une présence humaine au bout du fil.

— Monsieur Queffélec? fit une jolie voix féminine.

— Monsieur Queffélec, oui.

— On a tout essayé, monsieur.

— Ah!

— L'oxygène, les injections, les massages, tout essayé.

— Attendez, s'il vous plaît.

— On est désolés, monsieur.

— De quoi? Vous êtes qui?

— Votre femme n'a pas passé la nuit.

À cet instant, mon père est là, il me souffle dans le cou, me prend l'appareil des mains. Il parle, il dit oui, me tourne le dos. Il est calme en apparence. Il raccroche et s'assied à son bureau, les mains sous le menton. Il sort un peigne de sa poche et se recoiffe posément. Puis il me découvre à son côté, il me dit:

— J'y vais d'abord, p'tit vieux. Je t'appellerai tout à l'heure pour que vous veniez la voir. Vous viendrez avec ta sœur, tu la préviendras. C'est ça, préviens-la.

CHEZ LE MÊME ÉDITEUR

1. Roger CARATINI, Hocine RAÏS, *Initiation à l'islam.*
2. Antoine BIOY, Benjamin THIRY, Caroline BEE, *Mylène Farmer, la part d'ombre.*
3. Pierre MIQUEL, *La France et ses paysans.*
4. Gerald MESSADIÉ, *Jeanne de l'Estoille.* I. *La Rose et le Lys.*
5. Gerald MESSADIÉ, *Jeanne de l'Estoille.* II. *Le Jugement des loups.*
6. Gerald MESSADIÉ, *Jeanne de l'Estoille.* III. *La Fleur d'Amérique.*
7. Alberto GRANADO, *Sur la route avec Che Guevara.*
8. Arièle BUTAUX, *Connard !*
9. James PATTERSON, *Pour toi, Nicolas.*
10. Amy EPHRON, *Une tasse de thé.*
11. Andrew KLAVAN, *Pas un mot.*
12. Colleen MCCULLOUGH, *César Imperator.*
13. John JAKES, *Charleston.*
14. Evan HUNTER, *Les Mensonges de l'aube.*
15. Anne MCLEAN MATTHEWS, *La Cave.*
16. Jean-Jacques EYDELIE, *Je ne joue plus !*
17. Philippe BOUIN, *Mister Conscience.*
18. Louis NUCÉRA, *Brassens, délit d'amitié.*
19. Olivia GOLDSMITH, *La Femme de mon mari.*
20. Paullina SIMONS, *Onze heures à vivre.*
21. Jane AUSTEN, *Raison et Sentiments.*
22. Richard DOOLING, *Soins à hauts risques.*
23. Tamara MCKINLEY, *La Dernière Valse de Mathilda.*
24. Rosamond SMITH, *Double diabolique.*
25. Édith PIAF, *Au bal de la chance.*
26. Jane AUSTEN, *Mansfield Park.*

27. Gerald Messadié, *Orages sur le Nil.*
   I. *L'Œil de Néfertiti.*
28. Jean Heller, *Mortelle Mélodie.*
29. Steven Pressfield, *Les Murailles de feu.*
30. Jean-Louis Crimon, Thierry Séchan, *Renaud raconté par sa tribu.*
31. Gerald Messadié, *Orages sur le Nil.*
   II. *Les Masques de Toutankhamon.*
32. Gerald Messadié, *Orages sur le Nil.*
   III. *Le Triomphe de Seth.*
33. Choga Regina Egbeme, *Je suis née au harem.*
34. Alice Hoffman, *Mes meilleures amies.*
35. Bernard Pascuito, *Les Deux Vies de Romy Schneider.*
36. Ken McClure, *Blouses blanches.*
37. Colleen McCullough, *La Maison de l'ange.*
38. Arièle Butaux, *Connard 2.*
39. Kathy Hepinstall, *L'Enfant des illusions.*
40. James Patterson, *L'amour ne meurt jamais.*
41. Jean-Pierre Colignon, Hélène Gest, *101 jeux de logique.*
42. Jean-Pierre Colignon, Hélène Gest, *101 jeux de culture générale.*
43. Jean-Pierre Colignon, Hélène Gest, *101 jeux de langue française.*
44. Nicholas Davies, *Diana, la princesse qui voulait changer le monde.*
45. Jeffrey Robinson, *Rainier et Grace.*
46. Alexandra Connor, *De plus loin que la nuit.*
47. Barbara, *Ma plus belle histoire d'amour.*
48. Jeffery Deaver, *New York City Blues.*
49. Philippe Bouin, *Natures mortes.*

50. Richard NORTH PATTERSON, *La loi de lasko.*
51. Luanne RICE, *Les Carillons du bonheur.*
52. Manette ANSAY, *La Colline aux adieux.*
53. Mende NAZER, *Ma vie d'esclave.*
54. Gerald MESSADIÉ, *Saint-Germain, l'homme qui ne voulait pas mourir.*
    I. *Le masque venu de nulle part.*
55. Gerald MESSADIÉ, *Saint-Germain, l'homme qui ne voulait pas mourir.*
    II. *Les Puissances de l'invisible.*
56. Carol SMITH, *Petits meurtres en famille.*
57. Lesley PEARSE, *De père inconnu.*
58. Jean-Paul GOURÉVITCH, *Maux croisés.*
59. Michael TOLKIN, *Accidents de parcours.*
60. Nura ABDI, *Larmes de sable.*
61. Louis NUCÉRA, *Sa Majesté le chat.*
62. Catherine COOKSON, *Jusqu'à la fin du jour.*
63. Jean-Noël BLANC, *Virage serré.*
64. Jeffrey FOX, *Les 75 Lois de Fox.*
65. Gerald MESSADIÉ, *Marie-Antoinette, la rose écrasée.*
66. Marc DIVARIS, *Rendez-vous avec mon chirurgien esthétique.*
67. Karen HALL, *L'Empreinte du diable.*
68. Jacky TREVANE, *Fatwa.*
69. Marcia ROSE, *Tout le portrait de sa mère.*
70. Jorge MOLIST, *Le Rubis des templiers.*
71. Colleen MCCULLOUGH, *Corps manquants.*
72. Pierre BERLOQUIN, *100 jeux de chiffres.*
73. Pierre BERLOQUIN, *100 jeux de lettres.*
74. Pierre BERLOQUIN, *100 jeux de déduction.*
75. Stuart WOODS, *Un très sale boulot.*

76. Sa Sainteté le DALAÏ-LAMA, *L'Art de la sagesse.*
77. Andy MCNAB, *Bravo two zero.*
78. Tariq RAMADAN, *Muhammad, vie du Prophète.*
79. Louis-Jean CALVET, *Cent ans de chanson française.*
80. Patrice FRANCESCHI, *L'homme de Verdigi.*
81. Alexandra CONNOR, *La Faute de Margie Clements.*
82. John BERENDT, *La Cité des anges déchus.*
83. Edi VESCO, *Le Guide magique du monde de Harry Potter.*
84. Peter BLAUNER, *Vers l'abîme.*
85. Gérard DELTEIL, *L'Inondation.*
86. Stéphanie LOHR, *Claude François, secrets de famille.*
87. Jacqueline MONSIGNY, *Floris.*
    I. *Floris, fils du tsar.*
88. Jacqueline MONSIGNY, *Floris.*
    II. *Le cavalier de Pétersbourg.*
89. Arièle BUTAUX, *La Vestale.*
90. Tami HOAG, *Meurtre au porteur.*
91. Arlette AGUILLON, *Rue Paradis.*
92. Christopher REICH, *Course contre la mort.*
93. Brigitte HEMMERLIN, Vanessa PONTET, *Grégory, sur les pas d'un ange.*
94. Dominique MARNY, *Les Fous de lumière.*
    I. *Hortense.*
95. Dominique MARNY, *Les Fous de lumière.*
    II. *Gabrielle.*
96. Yves AZÉROUAL, Valérie BENAÏM, *Carla Bruni-Sarkozy, la véritable histoire.*
97. Philippa GREGORY, *Deux sœurs pour un roi.*
98. Jane AUSTEN, *Emma.*
99. Gene BREWER, *K-pax.*

100. Philippe Bouin, *Comptine en plomb.*
101. Jean-Pierre Colignon, Hélène Gest, *101 jeux Cinéma-Télé.*
102. Jean-Pierre Colignon, Hélène Gest, *101 jeux Histoire.*
103. Jean-Pierre Colignon, Hélène Gest, *101 jeux France.*
104. Jacqueline Monsigny, *Floris.* III. *La Belle de Louisiane.*
105. Jacqueline Monsigny, *Floris.* IV. *Les Amants du Mississippi.*
106. Alberto Vásquez-Figueroa, *Touareg.*
107. James Cain, *Mort à la plage.*
108. Hugues Royer, *Mylène.*
109. Eduardo Manet, *La Mauresque.*
110. Jean Contrucci, *Un jour tu verras.*
111. Alain Dubos, *La Rizière des barbares.*
112. Jane Hamilton, *Les Herbes folles.*
113. Senait Mehari, *Cœur de feu.*
114. Michaël Darmon, Yves Derai, *Belle-Amie.*
115. Ed McBain, *Le Goût de la mort.*
116. Joan Collins, *Les Larmes et la Gloire.*
117. Roger Caratini, *Le Roman de Jésus.* I. *De Bethléem à Cana.*
118. Roger Caratini, *Le Roman de Jésus.* II. *De Tibériade au Golgotha.*
119. Frantz Liszt, *Chopin.*
120. James W. Houston, *Pluie de flammes.*
121. Joyce Carol Oates, *Le Sourire de l'ange.*
122. Nicholas Meyer, *Sherlock Holmes et le fantôme de l'Opéra.*

123. Pierre LUNEL, *Ingrid Betancourt, les pièges de la liberté.*
124. Tamara MCKINLEY, *Éclair d'été.*
125. Ouarda SAILLO, *J'avais 5 ans.*
126. Margaret LANDON, *Anna et le roi.*
127. Anne GOLON, *Angélique.*
I. *Marquise des anges.*
128. Anne GOLON, *Angélique.*
II. *La Fiancée vendue.*
129. Jacques MAZEAU, *La Ferme de l'enfer.*
130. Antonin ANDRÉ, Karim RISSOULI, *Hold-uPS, arnaques et trahisons.*
131. Alice HOFFMAN, *Un instant de plus ici-bas.*
132. Otto PENZLER, *Quand ces dames tuent !*
133. Philippe BOUIN, *La Gaga des Traboules.*
134. Jane HAMILTON, *La Brève Histoire d'un prince.*
135. Jean-Michel COUSTEAU, *Mon père le commandant.*
136. Judith LENNOX, *L'Enfant de l'ombre.*
137. Stéphane KOECHLIN, *Michael Jackson, la chute de l'ange.*
138. Jeffrey ARCHER, *Frères et rivaux.*
139. Jane AUSTEN, *Orgueil et préjugés.*
140. Kim WOZENCRAFT, *En cavale.*
141. Andrew KLAVAN, *La Dernière Confession.*
142. Barry UNSWORTH, *Le Joyau de Sicile.*
143. Colleen MCCULLOUGH, *Antoine & Cléopâtre.*
I. *Le Festin des fauves.*
144. Colleen MCCULLOUGH, *Antoine & Cléopâtre.*
II. *Le Serpent d'Alexandrie.*
145. Santa MONTEFIORE, *Le Dernier Voyage du Valentina.*
146. Charles TODD, *Trahison à froid.*

147. Bertrand Tessier, *Belmondo l'incorrigible.*
148. Elizabeth McGregor, *Une intime obsession.*
149. Anne Golon, *Angélique.*
    III. *Fêtes royales.*
150. Anne Golon, *Angélique.*
    IV. *Le Supplicié de Notre-Dame.*
151. Clinton McKinzie, *La Glace et le Feu.*
152. Edi Vesco, *Soleil d'hiver.*
153. Tariq Ramadan, *Mon intime conviction.*
154. Jean-Dominique Brierre, *Jean Ferrat, une vie.*
155. Dale Brown, *Feu à volonté.*
156. Émile Brami, *Céline à rebours.*
157. Joyce Carol Oates, *Œil-de-serpent.*
158. Didier Porte, *Sauvé des ondes.*
159. Alberto Vasquez-Figueroa, *Les Yeux du Touareg.*
160. Jane Austen, *Persuasion.*
161. Michaël Darmon, Yves Derai, *Carla et les ambitieux.*
162. Alexandre Dumas, *Les Borgia.*
163. Julie Gregory, *Ma mère, mon bourreau.*
164. Philippa Gregory, *L'Héritage Boleyn.*
165. Tamara McKinley, *Le Chant des secrets.*
166. Dominique Jamet, *Ces discours qui ont changé le monde.*
167. James Patterson, *Rendez-vous chez Tiffany.*
168. Anabelle Demais, *Liaison dangereuse.*
169. Deborah Smith, *Un café pour deux.*
170. Yann Queffelec, *Le Piano de ma mère.*
171. Gerald Messadié, *L'homme qui se battit avec Dieu.*
    I. *Le Gué du Yabboq.*
172. Judith Lennox, *Des pas dans la nuit.*
173. Colleen McCullough, *Les Caprices de miss Mary.*

174. Jonathan KING, *La Voix des oubliés.*
175. Gerald MESSADIÉ, *L'homme qui se battit avec Dieu.* II. *Le Roi sans couronne.*
176. Bernard PASCUITO, *Célébrités : 16 morts étranges.*
177. Tami HOAG, *Contre toute évidence.*
178. Anatole LE BRAZ, *La Légende de la mort.*
179. Jane AUSTEN, *Northanger Abbey.*
180. Ronlyn DOMINGUE, *Le Souffle de l'éternité.*
181. Judy WESTWATER, *Abandonnée !*
182. Donald JAMES, *Vadim.*
183. Heather LEWIS, *Le Second Suspect.*
184. Louis PERGAUD, *La Guerre des boutons.*

(Suite de la page 4)

NOUVELLES

Les Oubliés du vent, Éditions du Rocher, 2010.

ESSAIS, DOCUMENTS

Adieu, Bugaled Breizh, Éditions du Rocher, 2009.
Passions criminelles, avec Mireille Dumas, Fayard, 2008.
Tabarly, L'Archipel/Fayard, 2008.
Tendre est la mer, La Martinière, 2006.
Béla Bartók, Mazarine, 1981 ; Stock, 1993.

JEUNESSE

Le poisson qui renifle, Nathan, 1994.
Le Pingouin mélomane, Nathan, 1994.

BEAUX LIVRES

Bretagne, photographies de Philip Plissson, Chêne, 2009.
Tendre est la mer, photographies de Philipp Plisson, Points Seuil, 2009.
La Mer, photographies de Philip Plisson, La Martinière, 2002.
Toi l'horizon, peintures de Jeanne Champion, Cercle d'art, 2002.
Horizons, photographies de Philip Plisson, Chêne, 1996.
Le Soleil se lève à l'ouest, photographies de Jean-Marc Durou, Laffont, 1994.

Cet ouvrage a été composé
par Atlant'Communication
au Bernard (Vendée)

Impression réalisée par

CPI
BRODARD & TAUPIN

La Flèche
en octobre 2011
pour le compte des Éditions Archipoche

Imprimé en France
N° d'édition : 170
N° d'impression : 65874
Dépôt légal : mai 2011